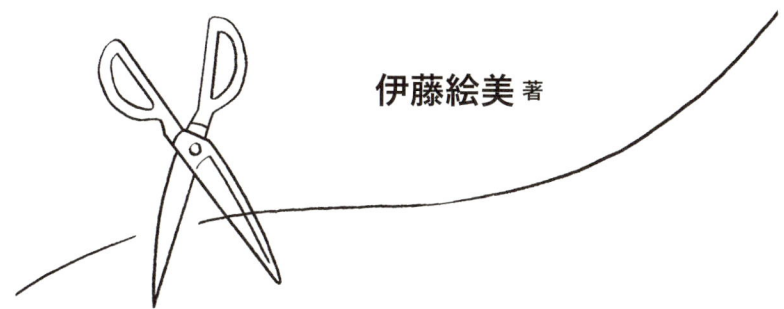

伊藤絵美 著

ケアする人も楽になる
マインドフルネス
&
スキーマ療法
BOOK1

医学書院

ケアする人も楽になる
マインドフルネス&スキーマ療法　BOOK1
発　行　2016年9月15日　第1版第1刷Ⓒ
　　　　2018年1月1日　第1版第2刷

著　者　伊藤絵美
発行者　株式会社　医学書院
　　　　代表取締役　金原　優
　　　　〒113-8719　東京都文京区本郷1-28-23
　　　　電話　03-3817-5600（社内案内）

印刷・製本　アイワード

本書の複製権・翻訳権・上映権・譲渡権・貸与権・公衆送信権（送信可能化権を含む）は株式会社医学書院が保有します．

ISBN978-4-260-02840-0

本書を無断で複製する行為（複写，スキャン，デジタルデータ化など）は，「私的使用のための複製」など著作権法上の限られた例外を除き禁じられています．大学，病院，診療所，企業などにおいて，業務上使用する目的（診療，研究活動を含む）で上記の行為を行うことは，その使用範囲が内部的であっても，私的使用には該当せず，違法です．また私的使用に該当する場合であっても，代行業者等の第三者に依頼して上記の行為を行うことは違法となります．

JCOPY〈出版者著作権管理機構　委託出版物〉
本書の無断複製は著作権法上での例外を除き禁じられています．複製される場合は，そのつど事前に，出版者著作権管理機構（電話 03-3513-6969，FAX 03-3513-6979，info@jcopy.or.jp）の許諾を得てください．

CONTENTS
目次

はじめに　私はなぜこの本を書いたのか　◉ 008

序章　認知行動療法の基礎知識

ストレスとは　◉ 019

ストレスコーピングとは　◉ 020

認知行動療法とは
──基本モデルを理解しよう　◉ 021

なんで「認知行動療法」と呼ぶの？　◉ 023

第1章　マインドフルネス超入門

受け止め、味わい、手放す　◉ 028

セルフモニタリングとは　◉ 030

マインドフルネスとは　◉ 035

第2章　スキーマ療法超入門

スキーマとは　◉ 044

スキーマ療法とは　◉ 047

オリジナルモデルのスキーマ療法
──「早期不適応的スキーマ」の理解　◉ 051

モードモデルのスキーマ療法
──「スキーマモード」という新たなアプローチ　◉ 056

第3章 マミコさん、認知行動療法を開始する

- 3-1 マミコさんとの出会い ◉ 064
- 3-2 「応急処置」でとにかくしのぐ ◉ 078
- 3-3 セルフモニタリングの練習と
  その行き詰まり ◉ 104

第4章 マミコさん、マインドフルネスの ワークに取り組む

- 4-1 マインドフルネスの導入 ◉ 120
- 4-2 「体験系」のワークの実践 ◉ 126
- 4-3 「思考／感情系」のワークの実践 ◉ 147
- 4-4 その他のワーク──他者にサポートを求める ◉ 171
- 4-5 「それを私はやりたかった！」
  ──スキーマ療法の紹介 ◉ 176

BOOK2 はこうなります ◉ 184
著者紹介 ◉ 185
索引 ◉ 186

BOOK2 の目次

第1章 スキーマ療法 その1
　　　　自らのスキーマとモードを理解する

　1-1　「安全なイメージ」「安全な儀式」から始める
　1-2　ヒアリング──過去の自分に会いに行く
　1-3　早期不適応的スキーマのマップを作る
　1-4　スキーママップにもとづくモニタリングとマインドフルネス
　1-5　スキーマモードへの気づきとマインドフルネス
　1-6　「治療的再養育法」を通じてのセラピストとの関わり

第2章 スキーマ療法 その2
　　　　ヘルシーなスキーマとモードを手に入れる

　2-1　認知的ワークと対話のワーク
　　　　──スキーマとの対話を通じて自分をいたわるヘルシーな認知を作る
　2-2　さまざまなやり方でモードワークを実践する
　2-3　ハッピースキーマとヘルシーモードを強めていく

第3章 マミコさんの新たな旅立ち

　3-1　マミコさんの回復
　3-2　新たな旅立ち

おわりに　より深く学ぶために

イラスト★高橋ユミ
ブックデザイン★加藤愛子（オフィスキントン）

はじめに
私はなぜこの本を書いたのか

　みなさん、こんにちは。伊藤絵美と申します。『ケアする人も楽になる認知行動療法入門（BOOK 1 & 2）』を読んでくださった方は、お久しぶりです。この本は、その続編という位置づけにあります。
　あ、でも、まだ読んでいないという方も、あわてる必要はありません。本書はその続編ではありますが、それらを読んでいなくても、まったく問題なく、スムースに理解できるように構成してありますので、心配せずにこのまま読み進めてください。その場合は、「はじめまして」ですね。
　はじめまして！ どうぞよろしくお願いいたします。
　本書をお読みになって、むしろ認知行動療法に関心を持った、という方は、ぜひ『ケアする人も楽になる認知行動療法入門』をお読みください（宣伝っぽいですね、すみません）。
　さて、以下に本書の内容と特徴、および本書の使い方について簡単に述べますので、まずはお読みください。

本書の内容と特徴

◉ 際立って役に立つ2つのアプローチ

　タイトルにもあるとおり、「マインドフルネス」と「スキーマ療法」が本書のテーマです。詳しい内容は本文で述べますので、ここではざっくりと概要だけ示します。
　マインドフルネスもスキーマ療法も、「認知行動療法 Cognitive

Behavior Therapy：CBT」に属するアプローチです。認知行動療法とは、簡単に言うと、「自分のストレスと上手につきあったり、自分を上手に助けたりするための心理学的な手法」です。認知行動療法を身につけることによって、ストレスとうまくつきあい、上手に自分助けができるようになります。

　ところで認知行動療法には、さまざまな理論やモデル、技法があります。『ケアする人も楽になる認知行動療法入門』では、認知行動療法の基本的な理論、モデル、そして主要な技法を幅広く紹介し、それらをストレスケアや自分助けに取り入れてもらおう、というのがその目的でした。〈広く、浅く〉というのがそのコンセプトでした。

　それに対して、本書は認知行動療法のなかでも、特に現在、私自身が「ハマっている」2つのアプローチに焦点を絞り、その2つについて、〈深く、マニアックに〉紹介しようとするものです。もうおわかりのとおりその2つとは、「マインドフルネス」と「スキーマ療法」です。なぜこの2つなのでしょうか？

　それは私自身が20年以上もの間、認知行動療法のさまざまな手法を実践し続けるなかで、このマインドフルネスとスキーマ療法が、際立って役に立つことを最近になって特に実感しているからです。

◉ 「今・ここ」を知ると（＝マインドフルネス）、「根っこ」を知りたくなる（＝スキーマ療法）

　マインドフルネスを身につけると、「今・ここ」のリアルタイムな体験に、深く、そして思いやりを持って触れることができるようになります。ポジティブな体験もネガティブな体験も等しく、「これが今、私が感じていることだ。この感覚を大事にしよう」と大切にできるようになるのです。

　これはまさに「自分を丸ごと大事にする」ことにつながります。

しかし自分のネガティブな体験にマインドフルに触れられるようになると、謎が生じてきます。
「なぜいつもこういうときに私はこんなにも悲しくなってしまうのだろう？」
「なぜいつもこういうタイミングでこんなにも強い怒りがわいてくるんだろう？」……というように。

自分の「今・ここ」での体験にそのまま触れられるようになると、その体験の良し悪しではなく、「その体験がどこから来るのか」という問いが生じてきます。その問いに答えてくれるのがスキーマ療法です。

スキーマ療法では、「今・ここ」にある自分の体験の根っこを理解し、その根っこを含めて最終的に自分を肯定できるようになるためにさまざまなワークを行います。なかでも「今・ここ」で自分が抱えている「生きづらさ」のようなものを扱うのが特徴的です。

誰でもその人なりの生きづらさがあります。それから目を背け、自分の生きづらさを見ないようにして生きていくという生き方ももちろんありますが、マインドフルに自分の体験に触れられるようになると、自分なりの生きづらさがおのずと見えてきます。そしてその生きづらさはたいてい、過去の体験、特に過去の傷つき体験に由来しています。

スキーマ療法ではそれらの過去体験に関連する現在の生きづらさを丸ごとひっくるめて理解し、最終的には傷つき体験や生きづらさを乗り越え、自分で自分をよりしっかりと支えられるようになることを目指します。

私自身マインドフルネスとスキーマ療法に出会って約10年、少しずつこの2つを学び、自分の生活や人生に取り入れ、活用してきました。この2つに自分自身がどれだけ助けられたかわかりません。

そして自分の臨床の場でも少しずつクライアントの方々に提供す

るようになり、やはりこの2つを通して多くのクライアントが回復することを目の当たりにしています。そこで今回、この2つに思い切り焦点を当てた本を書こうと思うに至ったのです。

◉ 広くて、深くて、強くて、継続的な効果がある！

　もちろん認知行動療法のその他の手法（たとえば、コーピングレパートリー、セルフモニタリング、認知再構成法、問題解決法、リラクセーション法など）も、それぞれ非常に助けになります。これらの手法は約50年かけて認知行動療法が発展するなかで構築され、長い期間にわたって世界中で活用されています。もちろん私も愛用者の1人です。これらの手法については、私自身の著書を含め、さまざまな著作やワークブックで紹介されています。

　一方、マインドフルネスとスキーマ療法は、長い歴史を持つ認知行動療法のなかでも、比較的最近になって構築された、若いアプローチです。共にこの10年ほどで急激に世界的に注目されるようになった手法で、今では世界中で多くの人びとがマインドフルネスとスキーマ療法を実践するようになっています。

　では、なぜこの2つがここまで注目を集め、実践されるようになったのでしょうか？ 以下の4つの理由が考えられます。

1　効果が高い。エビデンスが示されている。
2　包括的である。この2つでいろいろカバーできてしまう。
3　体験的に効果を実感できる。
4　生活の仕方や生き方レベルに変化が起きる。

　この4つについて、ここで説明を始めてしまうと、それだけで1冊の本になってしまうので、やめておきますね（笑）。
　本書は学問的な専門書ではないので、1については詳しく説明し

ません。2、3、4については、実際に本書を読み進めることでおわかりいただけることでしょう。そしてもちろんこの2、3、4は、私自身がこの10年ほど、マインドフルネスとスキーマ療法に取り組むなかで、強く感じるようになったことでもあります。

　要するにマインドフルネスとスキーマ療法の効果は、広くて、深くて、強くて、継続的なのです。これらは他の認知行動療法の手法と同様、練習をし、身につけて、自分のものにしていく必要があり、そうなるためにはそれなりの時間と手間をかける必要がありますが、そうする価値が十分にあると、エビデンス的にも、私自身の体験からも断言ができます。

　だからこそ本書では、〈広く、浅く〉ではなく、マインドフルネスとスキーマ療法という2つの手法に限って、〈深く、マニアックに〉みなさんに紹介することにしました。みなさんが本書を読み進め、種々のワークに取り組むなかで、マインドフルネスとスキーマ療法をしっかりと身につけ、最終的にはみなさんの生活や人生にうんと役立ててもらいたいと強く願っています。

本書の使い方

◉ 使ってナンボの実用書！

　本書は単なる「読み物」ではありません。「使ってもらう本」、つまりは実用書です。

　料理のレシピ本や英会話の教材とまったく同じです。レシピ本をいくら読んでも、そこで紹介されている数々の料理を作れるようにはなりませんよね。英会話の教材を何度黙読しても、英会話は上達しませんよね。本書もまったく同じです。マインドフルネスとス

キーマ療法を自分のものにするには、本書をただ読むだけではなく、使ってもらう必要があります。

本書の構成とその使い方について、以下に示します。

◉ BOOK 1 と BOOK 2

本書は『ケアする人も楽になる認知行動療法入門』と同様、事例を通してマインドフルネスとスキーマ療法を学んでいきます。今回登場するのはマミコさんという1人の魅力的な、しかし根っこに大きな生きづらさを抱えた看護師さんです。

BOOK 1では大雑把な基礎知識をお伝えした後に、マミコさんの体験を通して、認知行動療法とマインドフルネスについて説明していきます。マインドフルネスのエクササイズによって、「今・ここ」を感じられるようになったマミコさんですが、逆に自分がいかに「人が怖い、信じられない」という問題を抱えているのかがわかってきます。

BOOK 2では、マミコさんがいよいよ問題の「根っこ」をつかむためにスキーマ療法の世界に入ります。マミコさんはセラピストとのやりとりのなかで何を体験し、どう回復していったのか——その道筋をできるだけリアルに、セラピーの具体的な中味にも触れながら、ご紹介していきたいと思います。

◉ 基礎知識について（BOOK 1の序章、第1章、第2章）

BOOK 1の序章は「認知行動療法の基礎知識」です。すでに書いたとおり、マインドフルネスもスキーマ療法も認知行動療法に属するアプローチです。認知行動療法が発展するなかで構築された新たなアプローチと言うほうが正確かもしれません。ということは、やはり基礎知識として、認知行動療法についてある程度知っておいたほうが、マインドフルネスやスキーマ療法を学びやすくなることは

間違いありません。したがって、認知行動療法についてこれまではとんど学んだことのないという人は、一度はじっくりと目を通してください。

次の第 1 章は「マインドフルネス超入門」、第 2 章は「スキーマ療法超入門」です。"入門"ではなく"超入門"というタイトルからもわかるように、マインドフルネスとスキーマ療法のほんの入り口をさらっと紹介するのが目的です。そこではごく簡単に、この 2 つの手法についての理論やモデルや方法を紹介します。

● マミコさんの事例について （BOOK 1 第 3 章〜 BOOK 2）

ここまでは、さらっと目を通してもらうだけで構いません。「ふーん、そういうものなのかな」ぐらいにざっくりと理解してもらえれば十分です。事例を読み込むためのお膳立てだとお考えください。

第 3 章以降に続くマミコさんの事例が本書のメインです。みなさんには、ここからはじっくりと腰を据え、時間をかけて読んでもらいたいと、著者の私としては切に願っています。

プライバシー保護のため実際の事例をそのまま出すわけにはいかず、マミコさんの事例は私が創作したものです。しかし、これまで臨床現場で実際に出会ったさまざまなケースを複合して書き上げたもので、私にとっては非常にリアリティがあります。

マミコさんは、私と一緒にマインドフルネスやスキーマ療法に取り組み、時間をかけて回復していきます。みなさんもマミコさんになったつもりで、数々のマインドフルネスやスキーマ療法のワークをシミュレーションしてください。

そしてマミコさんの事例を終えたら、もう一度、BOOK 1 の第 1 章と第 2 章に戻ってみましょう。最初に読んだときは「なんとなくわかった」程度だったのが、「なるほど！ こういうことだったのか！」というふうに、これらの章に書いてあることを自分自身がす

でにしっかりと理解できるようになっていることに気がつくことでしょう。

「はじめに」は以上です。うんと簡単に言うと、マインドフルネスは「毎日の生活を自分の心身を使って主体的に、かつ新鮮に生きる技術」で、スキーマ療法は「自らの生き方を振り返り、自分の価値に沿って、さらに自分を大切にする生き方を新たに選び取る営み」です。
　読者のみなさんが、本書を読むことで、このような生活や生き方を実現されることを切に願っています。

序章

認知行動療法の基礎知識

◉ ストレスにやられっぱなしにならないために

　私たちは日々の生活を営むうえで、上手にセルフケア（＝自分助け）をすることがとても大切です。自分を大切にケアすることによって、日々の生活をハッピーに過ごすことができるのです。
　セルフケアをするというのは、言い換えると自らのストレスをよりよく理解し、ストレスとうまくつきあう、ということです。
　生きていれば誰にでもストレスはあります。そのストレスにやられっぱなしになってしまうと、結果的に心も身体もよくない状態になることが知られています。一方、自分のストレスのあり様を具体的に理解し、心や身体に生じるさまざまなストレス反応に対処できれば、ストレスに一方的にやられっぱなしになることを防げますし、そのような対処の経験によって、むしろ心身の健康度が高まっていくことも知られています。

◉ ストレスと上手につきあう方法、それが認知行動療法

　ではどうすれば自らのストレスのあり様を理解し、ストレスに対処できるようになるのでしょうか。そのために非常に役に立つアプローチとして「認知行動療法 Cognitive Behavior Therapy：CBT」という心理学的手法があります。
　認知行動療法を理解し、身につけることで、ストレスとのつきあい方が上手になり、ひいてはセルフケアが今よりもさらに上手になることができます。認知行動療法は、ストレスとつきあうために有効な手法であることが科学的・実証的にも示されており、現在、世界中で広く用いられています。
　ここではごく簡単に、この認知行動療法について解説をします。認知行動療法に初めて触れるという人には、「ふーん。認知行動療法って、名前はとっつきにくくて難しそうだけど、こういうことな

んだ」「認知行動療法って、意外に面白そうだなあ」ぐらいに、なんとなく理解してもらえればそれで十分です。

ストレスとは

◉ ストレッサーとストレス反応からなる体験

　自分のストレスについて考えるときは、**図1**のように「ストレッサー（ストレス状況）」と「ストレス反応」に分けてみるとよいでしょう。

　左側の「ストレッサー」とは、あなたにストレスを与えてくる環境的要因（例：部屋が暑すぎる、同居者と話が合わない、仕事がきつい、仕事がなかなか見つからない、恋愛がうまくいかない、など）のことです。右側の「ストレス反応」とは、ストレッサーに対してあなたの心と身体に生じるさまざまな反応のことをいいます（例：頭が痛い、眠れない、さみしくてたまらない、何をやっても楽しくない、涙が出てくる、悪夢を見る、など）。

　そしてストレッサーとストレス反応の2つのプロセスからなる体験を、「ストレス体験」と呼びます。

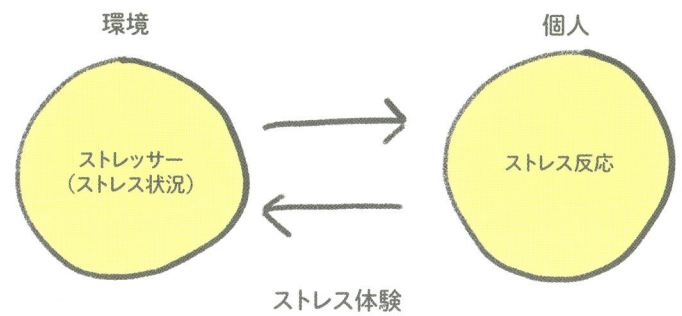

図1　ストレスとは

ストレスコーピングとは

● ストレス体験に意図的に対処すること

　このようなストレッサーやストレス反応に対して、何らかの対処法を意図的に行った場合、それを「ストレスコーピング」あるいは「コーピング」と呼びます（**図2**）。すなわちストレスコーピングとは、「ストレス体験に対する意図的な対処のプロセス」のことを言います。

　生きていればストレス（ストレッサーやストレス反応）は必ずあります。ストレスを感じるというのは、むしろ生きている証拠であるとも言えます。重要なのは、自分のストレスを自覚・理解したうえで、それに対してコーピング（意図的な対処）を行い、自分で自分を助けようとし続けることです。

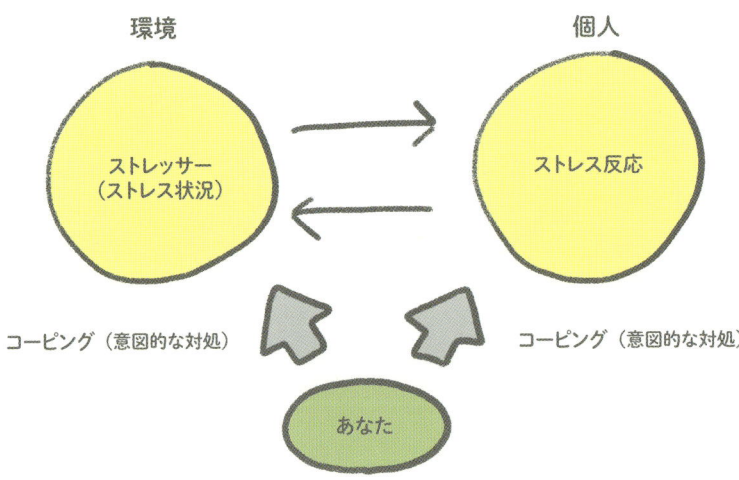

図2　ストレスコーピングとは

認知行動療法とは──基本モデルを理解しよう

さてここで認知行動療法の説明に入ります。認知行動療法では、先ほど紹介した個人のストレス反応を、〈認知〉〈気分・感情〉〈身体反応〉〈行動〉の4つに分けてとらえます（**図3**）。
〈認知〉〈気分・感情〉〈身体反応〉〈行動〉について、それぞれ簡単に説明します。

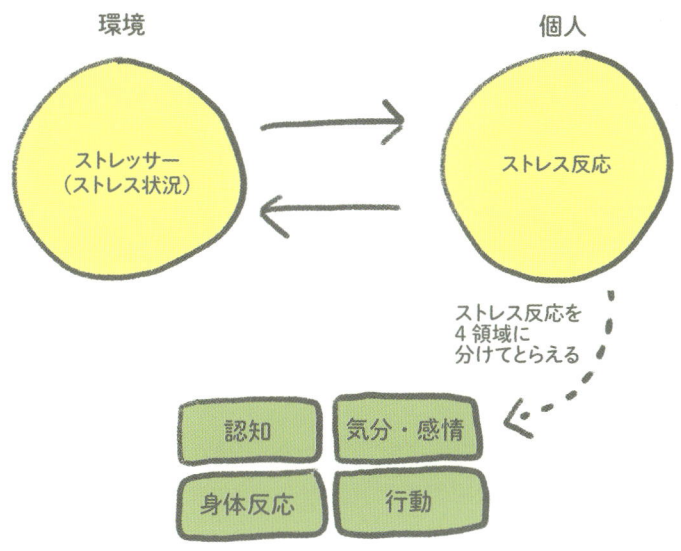

図3　ストレス反応を4つに分ける

◉ 〈認知〉とは、頭に浮かぶ考えやイメージのことです。

例：「ああ、いい天気だな、散歩にでも行こうかな」「お金が足りない、どうしよう」「次のお休みには買い物に行こう」「なんで私ばっ

かりいつもこんな目にあうんだろう」「ああ、このサンドイッチ、とてもおいしいな」「生きていくのって大変」

● 〈気分・感情〉とは、心に浮かぶ
　さまざまな気持ちのことです。

例：うれしい　楽しい　ウキウキする　ワクワクする　喜び　いい気分　やる気　緊張　不安　心配　気がかりだ　気になる　苦しい　苦痛　不快感　落ち着かない　落ち込む　ゆううつ　イライラする　驚き　ハッとする　がっかり　むかつく　怒り　腹立たしい　うざい　悲しい　つらい　さみしい

● 〈身体反応〉とは、体にあらわれるさまざまな
　生理的現象のことです。

例：ドキドキする　頭が痛い　めまいがする　頭がかゆい　肩がこる　くしゃみが出る　涙が出る　手足が震える　手足に汗をかく　腋の下に汗をかく　手足が冷たくなる　頭に血が上る　お腹が痛い　胃が痛い　胃が重い　歯が痛い　下痢をする　眠れない　息が苦しい　のどがかわく　生理痛がする

● 〈行動〉とは、外から見てわかるその人の動作、
　振る舞いのことです。

例：歩く　座る　右手を挙げる　大声で叫ぶ　「ちょっとこっち来てよ」と言う　本を読む　本のページをめくる　チョコレートをかじる　ガムを噛む　目を閉じる　横になる　首をかしげる　電話をかける　かかってきた電話を取る　メモを取る　深呼吸する　ため息をつく　質問する　質問に答える　質問を無視する　相手をにらむ　相手に微笑む　歯を磨く　テレビを観る　メールを読む　メールを送る　送られてきたメールを保存する　送られてき

たメールを消去する　水を飲む　缶コーヒーを握り締める　缶コーヒーを飲む　飲み終わった缶を捨てる

　以上が〈認知〉〈気分・感情〉〈身体反応〉〈行動〉それぞれについての説明でした。先ほど述べたとおり、認知行動療法では、ストレス反応をこの4つの領域に分けてとらえようとします。それを図示すると**図4**のようになります。これを「認知行動療法の基本モデル」と呼びます。

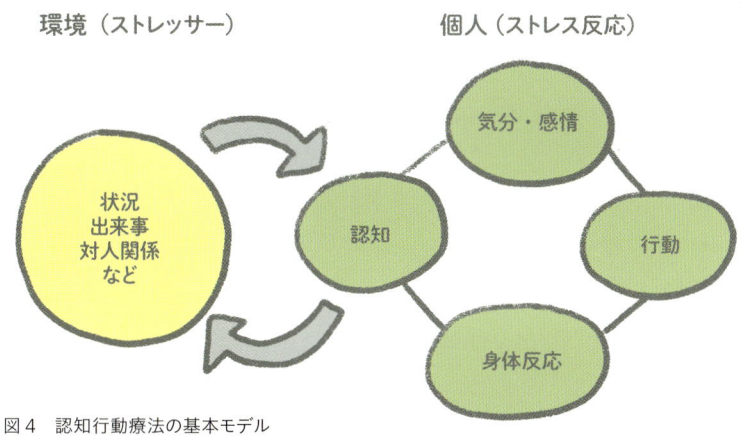

図4　認知行動療法の基本モデル

なんで「認知行動療法」と呼ぶの？

● コーピングできるのは認知と行動だけ

　認知行動療法の基本モデルは、この〈認知〉〈気分・感情〉〈身体反応〉〈行動〉に〈環境〉を加えた5つの要素からなります。なのになぜそこから〈認知〉と〈行動〉だけを選んで「認知行動療法」

と言うのでしょうか。

　実はこれら5つのうち、先に示した「コーピング(意図的な対処)」が可能なのが、〈認知〉と〈行動〉だけだからです。私たちは〈環境〉〈気分・感情〉〈身体反応〉の3つは、好きなように変えることができません。これら3つは直接コントロールすることができないのです。それに比べて、〈認知〉と〈行動〉は、自動的に出てくるものもありますが、自分で生み出したり工夫したり選んだりすることができます。

　たとえばじゃんけんをするとき、私たちはとっさに頭のなかで「グーを出そう」と決め(認知)、実際にグーを出す(行動)ことをします。レストランに行って、「今日はカレーライスを食べようかな」と考え(認知)、お店の人に「カレーライスください」と言う(行動)ことができます。私たちは、ストレスとなる体験をしたときに、〈認知〉と〈行動〉を工夫したり対処したりすること(＝コーピング)によって自分を上手に助けることができるようになります。「認知行動療法」という言葉には、そういう意味が込められています。

◎ ストレスの観察と理解が何よりも大事

　上で「認知行動療法では認知と行動のコーピングをして自分を助ける」と書きましたが、その前に重要なのは、自分のストレス体験

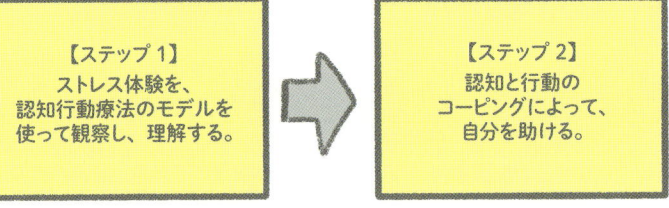

図5　認知行動療法の手順

を観察し、何が起きているのかをよーく理解することです。何が起きているのか、どうなっているのかが理解できてはじめて、どのようなコーピングが役に立ちそうか、選べるようになります。

したがって認知行動療法は、必ず**図5**のような手順で進められます。

まとめ

さて、ここまでお読みいただき、認知行動療法についてなんとなくイメージを持つことができたでしょうか。ここまで解説してきたことを以下にまとめます。

◎ストレスは「ストレッサー」と「ストレス反応」に分けて考えることができます。
◎ストレス（ストレッサーやストレス反応）に対する「意図的な対処」のことを「ストレスコーピング」「コーピング」と呼びます。
◎認知行動療法では、ストレス反応を〈認知〉〈気分・感情〉〈身体反応〉〈行動〉の4つに分けてとらえます。それに〈環境〉を加えた5つの要素からなるモデルを「基本モデル」と呼びます。
◎基本モデルのうち、〈認知〉と〈行動〉はコーピングが可能だから（言い換えると、〈環境〉〈気分・感情〉〈身体反応〉は直接コーピングができない）、「認知行動療法」という名前がついています。
◎認知行動療法は、2つのステップからなります。第1ステップは「ストレスの観察と理解」、第2ステップは「コーピングの実施」です。コーピングの前に、ストレスを観察し、理解することが重要です。

認知行動療法の基礎知識は以上です。本書のテーマは認知行動療法ではなく、あくまでもマインドフルネスとスキーマ療法です。第1章のマインドフルネス、第2章のスキーマ療法の解説を理解しやすくするための基礎知識として、あえてここで解説したまでです。

　したがって繰り返しになりますが、ここで認知行動療法について完璧に理解する必要はまったくありません。「認知行動療法って、そういうものなのか」とぼんやりイメージできれば十分です。

　では、さっそく第1章に取りかかりましょう。

参 考 図 書

認知行動療法についてもう少し詳しくお知りになりたい方は、以下の書籍を参考にしてみてください。(私の本もちゃっかり入っています)

★大野裕『こころが晴れるノート──うつと不安の認知療法自習帳』創元社
　☞薄くて、安くて、気軽に取り組めるワークブックです。

★大島郁葉、安元万佑子『認知行動療法を身につける──グループとセルフヘルプのためのCBTトレーニングブック』金剛出版
　☞しっかりと認知行動療法について学びワークをしたい、という人にぴったりのワークブックです。

★伊藤絵美『ケアする人も楽になる認知行動療法入門　BOOK1&BOOK2』医学書院
　☞さまざまな当事者の事例をストーリーのように読みながら、認知行動療法の基本的な考え方やスキルが身につけられる本です。

参考図書を3冊挙げましたが、今やたくさんの認知行動療法の本が出版されています。書店で直接手に取ったり、インターネット書店で調べたりしながら、自分の好きな本を選んで、さらに学んでいただければと思います。

第1章

マインドフルネス超入門

受け止め、味わい、手放す

◉ セルフモニタリングとセット

　第1章では、本書の2大テーマである「マインドフルネス」と「スキーマ療法」のうち、前者（マインドフルネス）について、その理論とやり方をざっくりと紹介します。
　"超入門"とあるように、マインドフルネスについて深く、詳しく解説するのではなく、だいたいの考え方ややり方を、なんとなーく、みなさんにつかんでもらうのがここでの目的です。ですからみなさんも、マインドフルネスをここでしっかりと完璧に理解しようなどと思わず、適当に読み流してください。「よくわかんないけど、なんだか役に立ちそうな気がするなあ」ぐらいに受け止めてもらえれば十分です。
　マインドフルネスは、一言でいうと「自分の体験を自分の体験としてしっかりと受け止め、味わい、手放すこと」です。
　自分の体験を受け止めるには、自分の体験を自分で見ることができるようになっておく必要があります。自分の体験を自分で見ることを、認知行動療法では「セルフモニタリング（自己観察）」と言います。セルフモニタリングができてはじめて、マインドフルネスが実践可能になるのです。
　したがって本章では、まずセルフモニタリングについて簡単に解説します。次にマインドフルネスについてこれも簡単に紹介します。そのうえで、セルフモニタリングによって観察した自らの体験に対し、どのようにマインドフルネスを実践するか、ということについても、これもまた簡潔に説明します。

◉「私は今・ここで生きている」という実感

　その前にまず、私自身がマインドフルネスを日々体験し、身につけることで、どんなことを「実感」したのか、簡単に書いておきましょう。それは、一言でいうと「自分は今・ここでまさに生きているんだなあ」という生きる実感が確実に強まったということです。

　呼吸をしている自分を感じる、太陽の光を浴びている感じを実感する、食べ物や飲み物の味をしっかりと堪能する、自分の心が悲しみに満ちていることを十分に感じ取る、頭痛がしたときにそのズキズキとした痛みをそのまま受け止めて感じる、誰かと一緒にいる楽しさを感じる、誰かと一緒にいてイライラしているのを感じる……などです。

　ポジティブな体験だけでなくネガティブな体験も、それを「自分のこと」として前よりももっと明確に実感できるようになったのです。そういうマインドフルネスの効果をマミコさんの事例を通じてみなさんにも感じ取ってもらいたいと願っています。

　このようにマインドフルネスというのは、頭で理解するものではなく、実践によって心と身体で実感するものです。本章のマインドフルネスについての簡単な解説だけでは、みなさんは「あー、なるほど、マインドフルネスってこういうことなんだ！」と深く実感することはないかもしれません。それでも第3章以降の事例を、実感を伴いながら読んでもらうためには、セルフモニタリングとマインドフルネスについて多少の知識がどうしても必要となるのです。

　……というわけで、ちょっと面倒くさいかもしれませんが、ここは辛抱して読んでみてください。

セルフモニタリングとは

◎ 5つの領域で「今、自分に何が起こっているか？」を知る

認知行動療法の基本モデルとして、以下のような図を提示しました（**図1-1**）。これはストレスのモデルをさらに具体化したもので、左側がストレッサー、右側がストレス反応に該当します。認知行動療法では、人のストレス反応を、〈認知〉〈気分・感情〉〈身体反応〉〈行動〉に分けてとらえるのでしたね。それぞれの定義についてもおさらいしておきましょう。

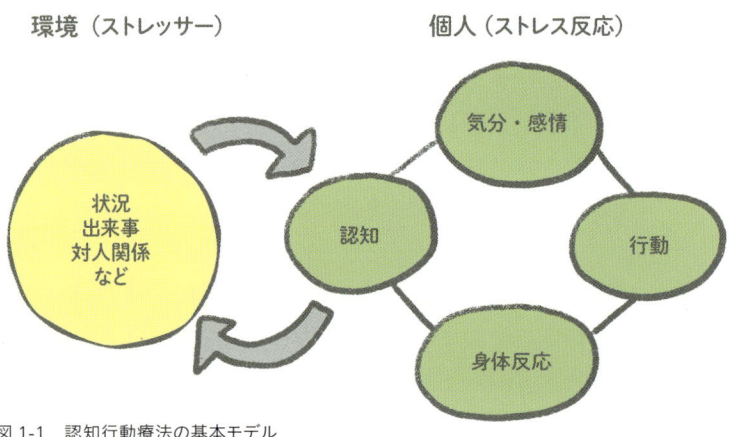

図1-1　認知行動療法の基本モデル

- 認知＝頭に浮かぶ考えやイメージ
- 気分・感情＝心に浮かぶさまざまな気持ち
- 身体反応＝体にあらわれるさまざまな生理的現象
- 行動＝外から見てわかるその人の動作、振る舞い

さてセルフモニタリングとは、その名のとおり、「セルフ＝自分」を「モニタリングする＝観察する」というワークのことを言います。つまりは「自己観察」です。
　認知行動療法で「セルフモニタリング（自己観察）」と言う場合、自分の体験を認知行動療法の基本モデルにもとづいて、すなわち、①環境・ストレッサー、②認知、③気分・感情、④身体反応、⑤行動、の５つの領域で、「今自分に何が起きているか？」ということを、きめ細かく観察していきます。たとえばこんな感じです。

［Aさんのセルフモニタリング］
環境・ストレッサー▶車を運転中に、無理な割り込みをされた。
認知▶「なんだこいつ！」「ふざけんな！」「危ないじゃないか！」
気分・感情▶びっくり、怒り。
身体反応▶手足がびくっとする。心臓がドキッとする。頭に血が上る。
行動▶とっさにクラクションを鳴らす。ハンドルを握りしめる。

［Bさんのセルフモニタリング］
環境・ストレッサー▶カフェでデートの待合せ中、彼からメールが来る。「ごめん、今日残業で、行けなくなった」と書いてある。
認知▶「あー、またた。私は彼に大事にされていないんだ」「彼は私のことなんてどうでもいいんだ」「もう飲み物も頼んじゃったのに、どうしたらいいの」
気分・感情▶落ち込み、悲しい、途方に暮れる感じ。
身体反応▶血の気が引く、胸のあたりがズーンとする、涙があふれる。
行動▶携帯を握りしめて呆然としながら飲み物を飲む。

● ストレス体験だけでなく、日常生活すべてをモニタリングできる

いかがでしょうか。難しくないですよね。そして実は認知行動療法の基本モデルにもとづくセルフモニタリングは、ストレス体験以外にも行うことができます。

というより、これから紹介するマインドフルネスに関して言えば、ストレス体験に限らず、日常生活におけるすべての体験（ハッピーな体験、良くも悪くもない体験、何ということもない体験など）に対してセルフモニタリングができるようになることが大切です。それも特に難しくはありません。たとえばこんな感じです。

[Cさんのセルフモニタリング]
環境▶休日の朝、ベランダに出たら、天気がよく、空が晴れ渡っている。
認知▶「ああ、いい天気だなあ」「今日はお休みだし、もう最高！」「サイクリングにでも出かけようかな」
気分・感情▶うきうき、さわやか、ハッピー。
身体反応▶力がみなぎる感じ、額が涼しい感じ。
行動▶ベランダで深呼吸する。

[Dさんのセルフモニタリング]
環境▶電車に乗って座ったら、対面にイケメンが座っていた。
認知▶「わ！イケメンだ！」「朝からラッキーだなあ」
気分・感情▶わくわく、うれしい。
身体反応▶胸がキュンとする。
行動▶気づかれないように、何度もそのイケメンの顔をチラ見する。

やはりちっとも難しくありませんね。私たちは毎日、起きてから寝るまで、実にさまざまなことを体験しています。それらの体験を、その場その場で、リアルタイムに、認知行動療法の基本モデルを通じて、きめ細かくキャッチしていくのが、このセルフモニタリングです。

◉ ツールに「外在化」すると一目瞭然

ちなみに認知行動療法では、次のようなツールを使ってセルフモニタリングした体験を図にすることがよくあります（図1-2）。

ここにはデートをドタキャンされてしまったBさんの体験をセルフモニタリングしたものが記入されていますが、このように自分の体験をツールなどに書き出すことを、心理学では「外在化」と言います。

認知行動療法では、この「外在化」の作業をとても大切にしています。本書で紹介するスキーマ療法でも同様に、要所要所で外在化の作業を行います。

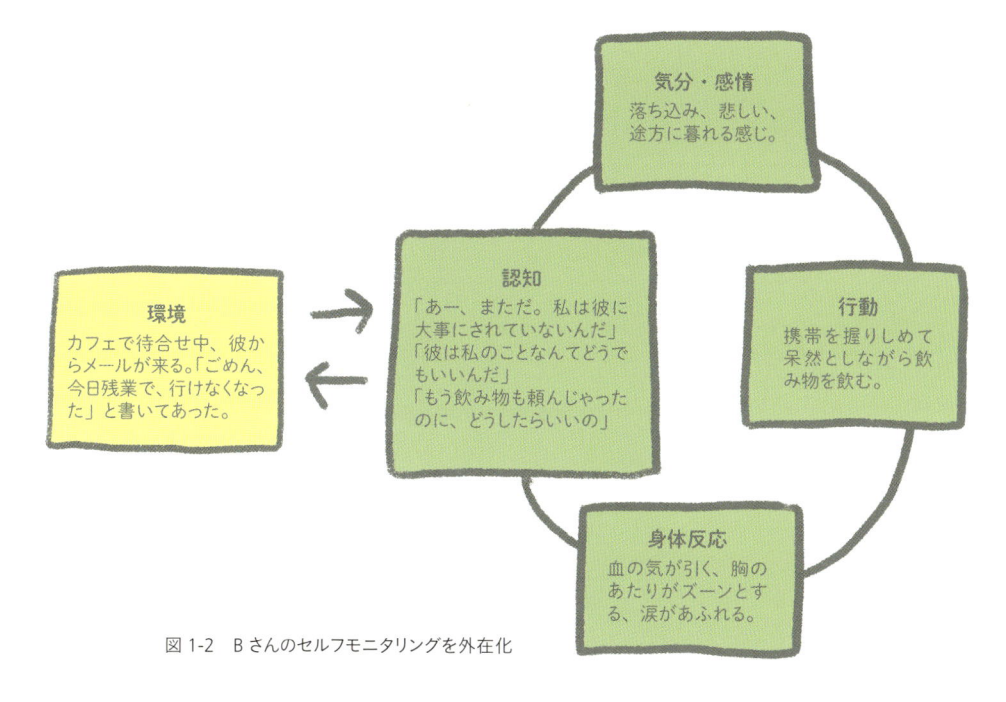

気分・感情
落ち込み、悲しい、途方に暮れる感じ。

環境
カフェで待合せ中、彼からメールが来る。「ごめん、今日残業で、行けなくなった」と書いてあった。

認知
「あー、またぁ。私は彼に大事にされていないんだ」
「彼は私のことなんてどうでもいいんだ」
「もう飲み物も頼んじゃったのに、どうしたらいいの」

行動
携帯を握りしめて呆然としながら飲み物を飲む。

身体反応
血の気が引く、胸のあたりがズーンとする、涙があふれる。

図1-2　Bさんのセルフモニタリングを外在化

さて、この図を眺めてみてどうでしょう。外在化することで、Bさんのそのときの体験が、手に取るように、具体的に理解しやすくなることがおわかりいただけますでしょうか？
　このような図にすることで、〈環境〉〈認知〉〈気分・感情〉〈身体反応〉〈行動〉が循環的に関連し合っていることも、目で見て理解しやすくなります。さらに外在化を通じて自分の内的な体験を外に出すことによって、自らの体験に巻き込まれることなく、距離を取ってそのまま眺めることができるようになります。実はこの「自らの体験をそのまま眺める」というのは、次に紹介するマインドフルネスの要でもあります。

＊　＊　＊

　セルフモニタリングについての解説は以上です。よろしいでしょうか？　繰り返しになりますが、今の時点では「なんとなく理解できた気がする」で十分です。では、次に進みましょう。

マインドフルネスとは

◉「体験」と「練習」が大切

　では本書の2大テーマの1つである「マインドフルネス」について、簡単に解説していきます。

　先に断っておきますが、マインドフルネスは「理屈」や「説明」ではなく「体験」や「練習」が非常に重要です。体験や練習をするなかで「マインドフルネスってこういうことだったのか」と初めて気づくことができるものです。それも一度や二度、練習してつかめるものではなく、生活のなかで繰り返し練習し、体験を重ねるなかで、マインドフルネスについての実感が積み重なっていくようなものです。

　したがって本節の説明を読んだだけで、マインドフルネスについてピンとくる人はほとんどいないでしょう。それが当然だと思ってください。

　「理屈としてはわからないでもないけど、マインドフルネスって一体何？」ともやもやしてしまう人がいるかもしれません。これも当然です。

　みなさんにはぜひ、今の時点ではマインドフルネスについての理屈をちょこっとだけ頭に入れておき、あとは第3章以降のマミコさんの事例を通じてさまざまな練習や体験を重ね、そのときに「ああ、マインドフルネスってこういうことだったのか」との実感を得てもらいたいと思います。

◉ 評価や否定をせず、受け止め、味わい、そっと手放す

　前置きが長くなりました。マインドフルネスについて説明してい

きましょう。

「マインドフルネス Mindfulness」は、「サティ」という仏教用語（パーリ語という言語なのだそうです）を英訳したもので、「念」という漢字に該当しますが、現在は「気づきを向ける」という日本語が使われることが多いです。

従来は仏教における瞑想実践に関する概念ですが、今では仏教の文脈を離れ、認知行動療法における主要な技法として広く知られるようになりました。「仏教」「瞑想」と聞くとぎょっとする人がいるかもしれませんが、本書では仏教や瞑想に関連づけずにマインドフルネスについて触れていきますので、心配しないでください。

マインドフルネスの定義は以下のとおりです。

> **マインドフルネスとは**
> 自らの体験（自分自身をとりまく環境や自分自身の反応）に、リアルタイムで気づきを向け、受け止め、味わい、手放すこと。

ここで「あれ？　これってさっき紹介されたセルフモニタリングと何が違うの？」と疑問を抱く人がいるかもしれません。それへの回答は「ビンゴ！」です。ほとんど違いません。マインドフルネスはセルフモニタリングの延長線上にあるのです。

「自らの体験にリアルタイムに気づく」というのが、セルフモニタリングでしたね。マインドフルネスはその応用編のようなもので、自らの気づきに対する「構え」のようなものです。簡単に言えば、セルフモニタリングを通じて気づいたことを、評価や否定をすることなしに、優しく受け止め、興味を持って味わい、そっと手放す、というのがマインドフルネスの構えです。

◉ マインドフルネスの基本原則

　さて、認知行動療法では〈環境〉〈認知〉〈気分・感情〉〈身体反応〉〈行動〉という基本モデルを持っていました。したがって認知行動療法におけるセルフモニタリングは、これらのモデルにもとづいて自分を観察することになっていましたね。その延長線上のマインドフルネスですから、やはりこれらのモデルに沿って、自らの体験を受け止め、味わい、手放すことになります。

　みなさんには、マミコさんの事例を通じてさまざまなマインドフルネスのワークを紹介していきますが、ここではマインドフルネス全般において重要な基本原則を挙げておきます。とりあえず今はこの基本原則を頭でざっくりと理解しておいてください。

◎「自分の体験を、ありのままに気づき、受け止める」ためには、自分の体験に巻き込まれず、自分の体験を見ることができる「もう1人の自分」を作る必要があります。

◎「もう1人の自分」は、自分の体験を、興味を持って、優しいまなざしで観察します。決して突き放したり、厳しい目つきで眺めたりはしません。「どれどれ？ 今自分は、どんな体験をしているのかな？」といった感じです。

◎「もう1人の自分」が観察した自分の体験を、一切否定したり、評価したりしません。その体験がポジティブなものであろうと、ネガティブなものであろうと、その体験を「あるがまま」に受け止め、受け入れます。

◎自分の体験は一切コントロールしようとしません。「ポジティブな体験は長引かせたい」「ネガティブな体験は終わらせたい」と思うのが人情ですが、マインドフルネスのワークにおいては、体

験を長引かせたり、終わらせようとしたり、強めようとしたり、弱めようとしたり、ということを一切しません。上にも書いたとおり、ただそのまま受け止め、受け入れます。

◎もちろん「ポジティブな体験は長引かせたい」「ネガティブな体験は終わらせたい」という思いに気づいたら、その思い自体も否定せず（「コントロールしようとしちゃダメ！」などとツッコミを入れず）、「ふーん、そう思っちゃったんだねー」とそのまま受け止めるということです。

◎つまり自分のすべての体験に対して、一切のコントロールを手放し、興味関心を持って、「ふーん、そうなんだ」と受け止め、味わい、どんな体験もそのうち消えていきますから（「消す」のではなく「消える」のです）、消えるにまかせてさよならをする、というのがマインドフルネスです。

　これらのマインドフルネスの原則を図にするとこんな感じになります（**図1-3**）。

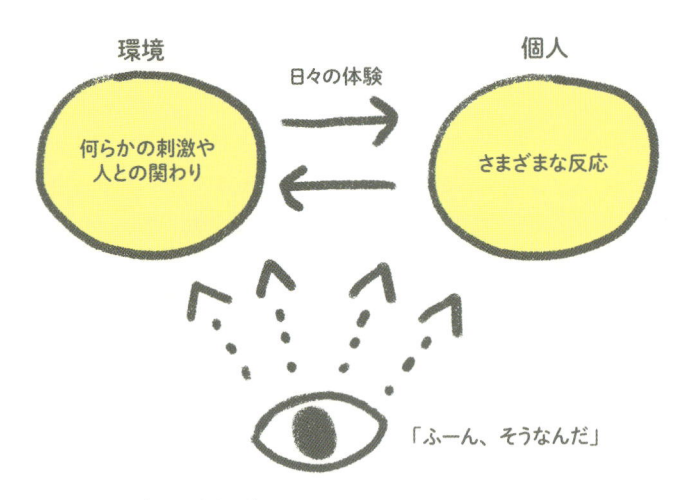

図1-3　マインドフルネスのイメージ

何に対してマインドフルネスになる？

マインドフルネスの対象となる「個人の体験」「個人の反応」には、さまざまなものがあります。認知行動療法の基本モデルにもとづいて考えてみましょう。

①〈環境〉に焦点を当てたマインドフルネス

まずは〈環境〉に焦点を当てたマインドフルネスがあります。

たとえば「運転中に無理な割り込みをされ、ストレスを感じたAさん」の場合、「運転中に無理な割り込みをされた」という環境（ストレッサー）に目を向け、「ふーん、今、自分は割り込みをされちゃったんだなあ」と今まさに起きた出来事に注意を向けたり、「どれどれ、この人の割り込みのやり方ってどんなのだったかな」と出来事を詳しく観察してみたり……というのが環境「ストレッサー」に対するマインドフルネスです。

②〈認知〉に焦点を当てたマインドフルネス

認知行動療法の場合、個人の反応は〈認知〉〈気分・感情〉〈身体反応〉〈行動〉の4つに分けてとらえることができましたね。私たちはそれぞれに対して、マインドフルネスを実践できます。

たとえば〈認知〉に焦点を当ててマインドフルネスを行うとすれば、31ページのAさんの場合は「あ、今、『なんだこいつ！』『危ないじゃないか！』という思考が自分の頭をよぎったぞ！」と気づいて、受け止めることになります。

Bさんの場合なら「今、私の頭に浮かんだのは、『あー、またた。私は彼に大事にされていないんだ』『彼は私のことなんてどうでもいいんだ』『もう飲み物も頼んじゃったのに、どうしたらいいの』といった考えだ。こういう考えが自然に頭に浮かんできたんだ。

ふーん。だから私は今、こんなに悲しくなっちゃっているんだな」と自らの認知にその場で気づき、それらを受け止めることになります。

③〈気分・感情〉に焦点を当てたマインドフルネス
〈気分・感情〉に対するマインドフルネスでは、Aさんの場合は「お！今、俺はびっくりして、怒っているぞ！」と気づくことから始まりますし、Bさんの場合は、自らの心に生じた「落ち込み、悲しい、途方に暮れる感じ」といった感情に気づき、受け止め、味わうことになるでしょう。Cさんの場合は、「うきうき、さわやか、ハッピー」といったポジティブな気持ちに気づき、それらを味わうことがマインドフルネスになります。

④〈身体反応〉と〈行動〉に対するマインドフルネス
　もうおわかりですね。〈身体反応〉に対するマインドフルネスは、その場で生じる身体感覚に気づき、味わい、手放すことになりますし、〈行動〉に対するマインドフルネスも、その時々に自分が取っている行動に気づきを向け、それらを受け止めるということなります。

　さらに自らの体験や反応を細分化せず、認知行動療法のモデルにもとづき自分の体験や反応全体に気づきを向け、受け止め、手放していくのもマインドフルネスです。

　つまりマインドフルネスには、さまざまな対象があるのです。〈環境〉〈認知〉〈気分・感情〉〈身体反応〉〈行動〉に対して、個別にワークをすることもできますし、それらを全体的にマインドフルネスのワークの対象にすることもできます。したがって何を対象とするかによってマインドフルネスのワークも実にさまざまなものがあります。

＊　＊　＊

　本章の「マインドフルネス超入門」は以上です。
「よくわからないけど、自分の体験に気づき、判断せずに受け止めるのがマインドフルネスということらしい。さまざまなことがマインドフルネスの対象になるらしい。そしてそのためのワークがいろいろとあるらしい。マミコさんの事例を通じて、それらのワークが具体的に紹介されるらしい」
　こんなふうに理解してもらえたら、この時点では十分です。
　よろしいでしょうか。では次の章「スキーマ療法超入門」に進みましょう！

第 2 章

スキーマ療法
超入門

スキーマとは

◉ 生き方や価値観に焦点を当てる

　前章では、本書の2大テーマの1つ、「マインドフルネス」についてざっくりと紹介しました。ここでは、もう1つのテーマである「スキーマ療法」について、同じくざっくりと紹介します。

　スキーマ療法とは、認知行動療法が進化して作られた新たな心理療法のアプローチです。認知行動療法が主に「症状」「困りごと」に焦点を当てるとすると、スキーマ療法は「生き方」や「価値観」に焦点を当てる、非常に視野の広いアプローチです。

　本章は前章同様、スキーマ療法について詳しく紹介するのではなく、第3章以降のマミコさんの事例を理解しやすくするための土台作りをするのが目的です。したがって、なんとなくスキーマ療法についてイメージをつかんでもらえればそれで十分です。

◉ 浅い「自動思考」、深い「スキーマ」

　認知行動療法では、認知（頭のなかの考えやイメージ）を階層的にとらえるモデルを持ちます。「階層的」というのは「浅い−深い」の対比でとらえるということです。つまり認知のなかでも「浅いレベル」の認知と「深いレベル」の認知に分けて考えようとするのが、この考え方です。

　実は序章「認知行動療法の基礎知識」と第1章「マインドフルネス超入門」で挙げた認知の具体例は、すべて「浅いレベル」の、その瞬間に頭に浮かぶ、あるいは頭をよぎる認知（考えやイメージ）でした。このような浅いレベルの、その場限りの認知のことを「自動思考 automatic thought」と言います。一方で、「深いレベル」の、す

なわち、その人の頭のなかにすでに存在する[★]、自分や世界や他者に対する深い思いや価値観にもとづく認知のことを、「スキーマ schema」と言います。

たとえば待合せに遅れそうなときに「やばい」と思って(この「やばい」が自動思考です)走り出した人には、おそらく「待合せには遅れてはならない」というスキーマがあるでしょう。待合せに遅れそうなときに「1〜2分の遅れならいいか」と思って(これも自動思考ですね)のんびり歩いている人には、「待合せにはちょっとぐらい遅れても大丈夫」などといったスキーマがあるかもしれません。

自動思考とスキーマの関係を図示してみましょう(**図2-1**)。

ここで気をつけてもらいたいのは、「自動思考は"浅い"から価値が低い」とか「スキーマは"深い"から自動思考に比べて重要だ」ということではない、ということです。認知行動療法において

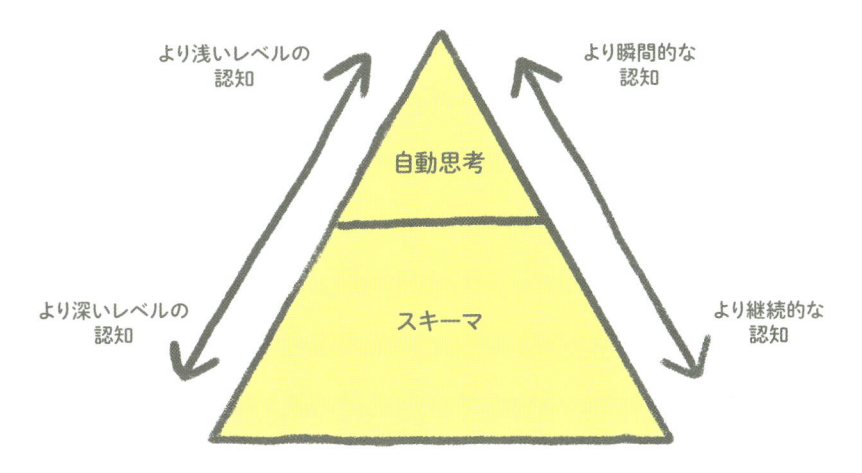

図2-1　認知の階層（自動思考とスキーマ）

[★]　「すでに存在する」と書きましたが、私は思考が形のあるものとして「実在する」とは考えておりません。「あたかもそのような思考が実在しているかのように」感じているだけです。しかしここではわかりやすくするために、比喩的に「存在する」と表現しました。

は（すなわちマインドフルネスにおいてもスキーマ療法においても）、浅いレベルの認知である自動思考も、深いレベルの認知であるスキーマも等しく重要です。

「浅い－深い」の違いは、重要性や価値の違いではなく、単に私たちの認知の体験の仕方の違いを反映しているにすぎません。浅い湖でボートを漕ぐときと、遠洋の深い海で船を操縦するのを、「どっちが簡単か」とか「どっちが難しいか」などと比べることはできませんよね。それと同じです。

◉ 認知行動療法ではスキーマに焦点化しない

さて、「スキーマ」は心理学で普通に使われている概念ですが、心理療法（セラピー／カウンセリング）としての認知行動療法においてスキーマという概念を使う場合は、特にその人の「信念」「価値観」「マイルール」「深い思い」「自己イメージ」「人間観」「世界観」といったことに関わる問題を扱うことが多いのです。心理学的な症状や人生上の悩みごとを扱う心理療法だから当然ですよね。

ただし従来の認知行動療法では、いきなりスキーマを扱うのではなく、まず自動思考レベルでセルフモニタリングやコーピングを図るというのが一般的なやり方です。自動思考レベル、すなわち「今・ここ」での自分の反応に気づき、必要に応じてそれらの反応を整えられるようになってから、必要があれば深いレベルのスキーマをより深く理解したり、その変容を試みたりするのです。自動思考レベルでセルフモニタリングやコーピングが可能になり、症状

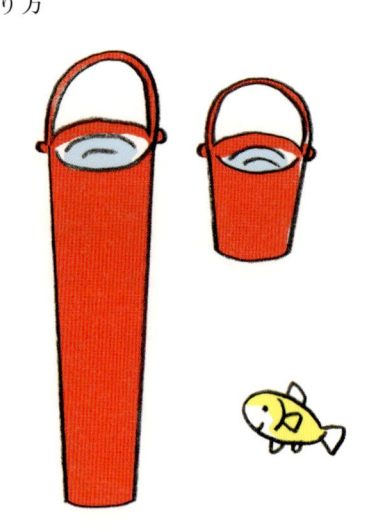

が改善し、「もうこれで大丈夫」とその人が思えるのであれば、わざわざスキーマに焦点を当てたりはしません。

一方、これから紹介する「スキーマ療法」は、その人の心の奥深くにあるスキーマにがっちりと焦点を当てていきます。

スキーマ療法とは

● 認知行動療法では太刀打ちできない人たちに

「スキーマ療法 Schema Therapy」とは、米国の心理学者であるジェフリー・ヤングが構築した、認知行動療法を発展させた統合的な心理療法です。なぜ「統合的」かというと、認知行動療法を中心としながらも、認知行動療法以外のさまざまな心理療法の理論や技法が幅広く、総合的に用いられているからです。

ヤング先生（私はスキーマ療法の創始者としてのヤング先生を心から尊敬しているので、ここではあえて「先生」をつけてお呼びします）は、もともとは認知行動療法のセラピストで、認知行動療法の創始者であるアーロン・ベックのもとで訓練を受けていました。しかしヤング先生は自らの地元（ニューヨーク）で臨床実践を続けているうちに、従来の認知行動療法では太刀打ちできない苦しみや生きづらさを抱えている人たちがいることに気がつきました。

もちろん上でも書いたとおり、認知行動療法でもスキーマを扱うのですが、そのような「ついで」のような扱い方では間に合わないと、ヤング先生は考えたのです。そこで試行錯誤しながら構築されたのがスキーマ療法です。

ヤング先生は 1990 年に初めてスキーマ療法についての著書を出版し、その後、さらにそれを精緻化していきました。そして 2003 年にヤング先生が自ら「スキーマ療法のバイブル」と呼ぶ、スキー

マ療法の網羅的なテキストを出版しました（日本では2008年に翻訳書が出版されました。タイトルはずばり『スキーマ療法』。ちなみに監訳者は私です）。

◉「生きづらさ」の問題に向き合える

　監訳作業を行いながら私自身がスキーマ療法を学び、自らそれを体験し、「使い心地」を味わいました。

　ちょうどスキーマ療法を学び始めた頃、仕事や家庭やこれからの生き方について非常に迷ったり悩んでいたりした時期でした。それまでの私は日々のストレスに対するセルフケアに認知行動療法を使いまくり、認知行動療法に助けてもらっていました。しかし生き方レベルの悩みに対して認知行動療法は直接使うことができません。なので日々のセルフケアには認知行動療法を使いつつ、一方で迷ったり悩んでいたりしていたのです。そして思い起こせばそれらの迷いや悩みは私自身の抱える「生きづらさ」に関連していたのでした。

　スキーマ療法は誰もがその人なりに抱える生きづらさをその根っこから十分に理解し、必要に応じて生きづらさを手放したり、新たな生き方の指針を作ったりするものです。私はよい時期にスキーマ療法に出会いました。スキーマ療法に自ら取り組むなかで、自分の人生の棚卸しをしたり、自分の生きづらさをその根っこから丸ごと整理してみたり、そのなかで私自身に特有のスキーマを見つけ、それをモニターしてみたり……。そんな作業をしているうちに、気づいたら生きづらさは大幅に解消され、今後の自分の人生の「価値」のようなものを手にしていました。

　その後、徐々に自分の臨床現場で私よりもはるかに大きくて深刻な生きづらさを抱えるクライアントに対し、スキーマ療法を紹介し、一緒に取り組むことが増えてきました。するとどうでしょう。認知行動療法では十分に回復できなかったクライアントたちが（もちろ

んそれは私自身の認知行動療法の技量に問題がある可能性も否定できないのですが）、スキーマ療法に出会うことによって、思いもよらないほどの回復を示したのです。スキーマ療法が非常にパワフルな手法であることは、自分に対して使えば使うほど、そして臨床現場で活用すればするほど実感されてきました。

● マインドフルネスが、スキーマ療法の支えになる

　さらに自分自身の体験からも、臨床経験からも、よくわかってきたことがありました。それは**マインドフルネスを十分に身につけてからスキーマ療法に入るとよい、言い換えればスキーマ療法に入る前にマインドフルネスを十分に身につけておきくべきである**、ということです。

　前章の「マインドフルネス超入門」で述べたとおり、マインドフルネスとは自分のすべての体験に自分を開き、受け止め、味わうということです。スキーマ療法では過去の傷つき体験を扱います。また過去の傷つき体験に関連した現在の傷つき体験を扱います。

　それは通常人が「見たくない体験」「感じたくない体験」です。普通に考えれば、自分に痛みをもたらす傷つき体験をわざわざ見たり感じたりしたいとは思わないでしょう。しかしスキーマ療法ではそういう作業をあえてやります。自分の痛みをまるごと見て、感じていくのです。

　それは楽な作業ではありません。しかしスキーマ療法ではセラピストの助けを借りてそれをやる必要があります。だからこそポジティブな体験もネガティブな体験にも等しく自分を開いていくマインドフルネスがその支えとして必要になるのです。

◉ 「早期不適応的スキーマ」に焦点を当てた統合的心理療法

さて、スキーマ療法で扱うのは、「人生の早期に形成され、後にその人を生きづらくさせるスキーマ」です。これを「早期不適応的スキーマ」と呼びます。

スキーマ療法では、認知行動療法ではなかなか解消されない慢性的で強固な問題の背景には、早期不適応的スキーマの存在があると仮定します。したがってその人の抱える早期不適応的スキーマが何であるかを理解し、それらの早期不適応的スキーマを乗り越えていくことで、慢性的な問題や生きづらさを解消し回復を図る――これがスキーマ療法の目的になります。

ところで、スキーマ療法はヤング先生や他の専門家たちにより、少しずつ時間をかけて発展しています。現時点で、スキーマ療法には2種類のアプローチがあります。

1つが「オリジナルモデル」と呼ばれるもので、早期不適応的スキーマの理解とその回復に焦点を当てます。もう1つが「モードモデル」と呼ばれるもので、スキーマモードという概念を中心とする新たなアプローチです。その2つについて、以下に簡単に解説します。

オリジナルモデルのスキーマ療法
―― 「早期不適応的スキーマ」の理解

◉ 過去の道のりを振り返る

「オリジナルモデル」はその名のとおり、従来のスキーマ療法における中心的なアプローチです。オリジナルモデルにもとづくスキーマ療法の進め方を、**図 2-2** に示します。

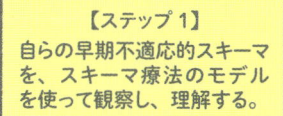

【ステップ 1】
自らの早期不適応的スキーマを、スキーマ療法のモデルを使って観察し、理解する。

⇒

【ステップ 2】
自らを苦しめるスキーマを手放し、新たなスキーマを手に入れる。

図 2-2 スキーマ療法の手順

　この図に見覚えがありませんか？ そうです、これは序章で紹介した「認知行動療法の手順」（24 ページの図 5）とそっくりではありませんか！ 先にも述べたとおり、ヤング先生はもともと認知行動療法の専門家であり、認知行動療法を発展させる形でスキーマ療法を構築しました。したがってスキーマ療法の手順が、認知行動療法の手順と同じでも、ちっとも不思議ではありません。
　さて、オリジナルモデルにもとづくスキーマ療法では、まず自らの持つ早期不適応的スキーマを理解します。早期不適応的スキーマはその名のとおり、人生の早期に形成されたスキーマですから、それを理解するには、自分の生まれ、育ってきた過去の道のりを振り返ることが必要になります。

◉ 中核的感情欲求が満たされないと……

　早期不適応的スキーマはどのようにして形成されるのでしょうか。ヤング先生は、その背景にさらに「中核的感情欲求」という概念を置きました。中核的感情欲求とは、「人間が当たり前に持って当然のごく正当な欲求」のことです。スキーマ療法の場合、特に「子どもが養育者に対して持って当然のごく正当な欲求」を中核的感情欲求として重視します。

　ヤング先生は子どもの持つ中核的感情欲求を次の5つのパターンに整理しています。

> **中核的感情欲求**
> 1　愛してもらいたい。守ってもらいたい。理解してもらいたい。
> 2　有能な人間になりたい。いろんなことがうまくできるようになりたい。
> 3　自分の感情や思いを自由に表現したい。自分の意志を大切にしたい。
> 4　自由にのびのびと動きたい。楽しく遊びたい。生き生きと楽しみたい。
> 5　自律性のある人間になりたい。ある程度自分をコントロールできるしっかりとした人間になりたい。

　これらの中核的感情欲求が何らかの形で満たされなかったり、傷つけられたりした場合、その人のなかに早期不適応的スキーマが形成されるとヤング先生は仮定しました。ただしその際、その人が生まれながらに持つ「気質的特徴」（例：生まれつき臆病、生まれつきおおらか、生まれつき人なつこい、生まれつき人見知り、など）も影響を与えると考えられています。

◉ 早期不適応的スキーマ、5領域18種類

　ここでは、ヤング先生が提唱する18の早期不適応的スキーマの項目名のみを、5つの領域に関連づけながら紹介していきます [★]。

この18のスキーマの内容については、BOOK 2の45ページ以降で詳細に解説しているので、ひとまず「いろいろなスキーマがあるんだな」ぐらいに読み流してもらえれば、それで十分です。

第1領域　人との関わりが断絶されること
「愛してもらいたい。守ってもらいたい。理解してもらいたい」という中核的感情欲求が満たされない場合のスキーマ領域。この第1領域には次の5つの早期不適応的スキーマが含まれます。
❶見捨てられスキーマ
❷不信・虐待スキーマ
❸「愛されない」「わかってもらえない」スキーマ
❹欠陥・恥スキーマ
❺孤立スキーマ

第2領域　「できない自分」にしかなれないこと
「有能な人間になりたい。いろんなことがうまくできるようになりたい」という中核的感情欲求が満たされない場合のスキーマ領域。この第2領域には次の4つの早期不適応的スキーマが含まれます。
❻無能・依存スキーマ
❼「この世には何があるかわからないし、自分はそれらにいとも簡単にやられてしまう」スキーマ
❽巻き込まれスキーマ
❾失敗スキーマ

[★]　その後、種々の実証研究を通じてこれらのカテゴリーとそれに属するスキーマに若干変更があったようです。また今後も変更の可能性があります。が、スキーマ療法の実践にあたっては重大なことではないので、ここでは2003年のヤング先生の文献にもとづくカテゴリーとスキーマを紹介します。

第3領域　他者を優先し、自分を抑えること

「自分の感情や思いを自由に表現したい。自分の意志を大切にしたい」という中核的感情欲求が満たされない場合のスキーマ領域。この第3領域には次の3つの早期不適応的スキーマが含まれます。

⑩ 服従スキーマ
⑪ 自己犠牲スキーマ
⑫「ほめられたい」「評価されたい」スキーマ

第4領域　物事を悲観し、自分や他人を追い詰めること

「自由にのびのびと動きたい。楽しく遊びたい。生き生きと楽しみたい」という中核的感情欲求が満たされない場合のスキーマ領域。この第4領域には4つの早期不適応的スキーマが含まれます。

⑬ 否定・悲観スキーマ
⑭ 感情抑制スキーマ
⑮ 完璧主義的「べき」スキーマ
⑯「できなければ罰されるべき」スキーマ

第5領域　自分勝手になりすぎること

「自律性のある人間になりたい。ある程度自分をコントロールできるようになりたい」という中核的感情欲求が満たされない場合のスキーマ領域。この第5領域には2つの早期不適応的スキーマが含まれます。

⑰「オレ様・女王様」スキーマ
⑱「自分をコントロールできない」スキーマ

　ざっとご覧になっただけでも、「あれ、このスキーマ、自分にあるかも」「ものすごく思い当たる節がある！」と、ビビッと来た人、グッと来た人がいるかもしれません。まあでも早まらないでくださ

い。あなた自身のスキーマについては、マミコさんの事例を体験しながら、そのときに一緒に考えていくことにしましょう。今は、あくまで頭でざっと理解する段階です。

＊　＊　＊

　さて、自分の過去を振り返り、自分のなかにどのような早期不適応的スキーマがあるのかを理解した後は、それらのスキーマを手放し、新たなスキーマ（これは「不適応的スキーマ」ではなく、自分を幸せにしてくれる「ハッピースキーマ」です）を手に入れていく段階に入ります。
　実際にどのように早期不適応的スキーマを手放し、新たなスキーマを手に入れ、生きづらさから解放されていくのかについては、事例のなかで、さまざまな手放し方や解放のされ方、そしてハッピースキーマの入手の仕方を具体的に紹介していきますので、お楽しみに！

モードモデルのスキーマ療法
——「スキーマモード」という新たなアプローチ

◉ スキーマが多すぎて難しくなってしまう……

　それではスキーマ療法のもう1つのアプローチについて紹介します。これは「モードモデル」というモデルにもとづくアプローチです。
　スキーマ療法の提唱者であるヤング先生は初め、オリジナルモデル、すなわち早期不適応的スキーマにもとづき、スキーマ療法を構築しました。しかし、このモデルにもとづくスキーマ療法では、間に合わないケースがあることに気がつきました。特に、あまりにも多くの早期不適応的スキーマを持つ人の場合（なかには18個のスキーマのほとんどを持っている人もいます）、早期不適応的スキーマという視点から自分を理解しようにも、スキーマの数が多すぎて、かえって理解が複雑になってしまうことがあります。
　そこでヤング先生は、早期不適応的スキーマのモデルのほうを「オリジナルモデル」と命名し、スキーマ療法をさらによいものにするために、「モードモデル」というアプローチを新たに構築しました。

◉ 「今・ここ」を理解する方法

　「モード」とは正確には「スキーマモード」のことです。そのときにどのスキーマがどのように活性化され、その活性化されたスキーマに対してその人がどのように反応するかによって、「今・ここ」でのその人の状態や反応は変わってきますよね。それをスキーマモードと呼びます。
　モードモデルでは、モードの元になっている早期不適応的スキー

マにあまりこだわらず、あくまでも「今・ここ」での自分の状態を、モードという視点から理解し、よりよい状態に自分を持っていこうというアプローチです。

　このモードアプローチは、18もの早期不適応的スキーマからなるオリジナルモデルに比べると、ある意味シンプルでわかりやすいものです。これまでの自分の生きづらさを俯瞰して眺める場合は早期不適応的スキーマによるオリジナルモデルが役に立ちますが、特に「今・ここ」の自分がどうなってしまっているのか、ということをリアルタイムに理解するためには、モードモデルのほうが、より役に立つかもしれません。

　いずれにせよ、この2つのモデルは共に重要で、非常に役に立つ強力なモデルです。ここではヤング先生が提唱した4種類のスキーマモードについて簡単に紹介し、モードモデルにもとづくスキーマ療法の進め方についても簡単に解説するに留めます。具体的には第3章以降の事例をじっくりと読み込んでください。

◉ スキーマモードは4種類に分けられる

　上に書いたとおり、モードとは、スキーマが活性化されたその時々の、「今・ここ」のその人の状態や反応のことです。「その時々の状態や反応」は無数にあるでしょうから、モードも無数にあることになります。その無数にあるモードを、ヤング先生は次の4つに分類しました。これらの4種類のモードについて、以下に簡単に解説します。

A…**傷ついた子どもモード**
B…**傷つける大人モード**
C…**いただけない対処モード**
D…**ヘルシーモード**（幸せな子どもモード／ヘルシーな大人モード）

◉ A…傷ついた子どもモード

　このモードは、あなたのなかの「小さな子ども」の部分が、何らかの理由で傷ついて、その結果、悲しんでいたり、怯えていたり、怒っていたりする状態を指します。以下に例を示します。

・悲しんでいる子どもモード
・泣いている子どもモード
・心細い子どもモード
・怖がって、怯えている子どもモード
・さみしくてたまらない子どもモード
・自分を恥ずかしく感じている子どもモード
・自分なんかいないほうがいいと感じている子どもモード
・消えてなくなりたくなっている子どもモード
・「ごめんなさい」「ごめんなさい」とひたすら謝っている子どもモード
・傷ついて怒っている子どもモード
・傷ついてかんしゃくを起こしている子どもモード
・くやしくて地団太踏んでいる子どもモード
・その他の傷ついた子どもモード

◉ B…傷つける大人モード

　これは、これまでにあなたを傷つけた大人や年長者（父親、母親、教師、祖父母、親戚の大人、近所の大人、いじめっ子、その他）の声がモードとなったものです。以下に例を示します。

・理不尽に叱ってくる大人モード
・罰を与えてくる大人モード

- 脅そうとしてくる大人モード
- 要求ばかりしてくる大人モード
- 命令ばかりしてくる大人モード
- 自分を傷つけようとしてくる大人モード
- 暴力を振るう大人モード
- ひどい目にあわせようとする大人モード
- 冷たく突き放そうとする大人モード
- 見捨てようとする大人モード
- 聞く耳を持たない大人モード
- 辱めようとしてくる大人モード
- その他の傷つける大人モード

◉ C…いただけない対処モード

　このモードは、スキーマが活性化したときの対処や、スキーマが活性化しそうになったときの対処で、それが結果的に自分を助けることにつながっていないときの状態を指します。「せっかくスキーマに対処しているのだけれども、それが結果的に自分助けにつながらず、かえってよろしくない方向に向かっている状態」のことだと思ってください。以下に例を示します。

- 先延ばし／ぐずぐずモード
- お酒に走るモード
- 過食または過食嘔吐モード
- 薬をたくさん使うモード
- 感情を遮断するモード
- 自傷行為モード
- 過眠モード
- お祭り騒ぎをしてごまかそうとするモード

- インターネットに没頭するモード
- 買い物しすぎモード
- 異性に依存するモード
- セックスやポルノに走るモード
- マスターベーションでごまかすモード
- 他人に逆ギレするモード
- 他人に完全に心を閉ざすモード
- 他人を支配しようとするモード
- 他人に完全に服従しようとするモード
- ひたすら他人に尽くそうとするモード
- 自分の心を無視するモード
- その他のいただけない対処モード

◉ D…ヘルシーモード

　これまでにご紹介した《傷ついた子どもモード》《傷つける大人モード》《いただけない対処モード》の3つは、あなたをハッピーにするモードではありません。したがってこれらのモードに対しては、まずそのモードに自分が入っていることに気づくことが重要で、次にそのモードに対して何らかの対応をする必要があります。
　一方、この4つ目の「ヘルシーモード」は、何ら対応する必要のない、あなたをひたすら幸せにしてくれるモードです。ヘルシーモードには、《幸せな子どもモード》と《ヘルシーな大人モード》の2種類があります。以下、それぞれについて解説します。

①幸せな子どもモード

　その名のとおり、あなたのなかの「小さな子ども」がハッピーでいる状態のことを言います。「喜んでいる子どもモード」「安心している子どもモード」

「すやすやと眠っている子どもモード」などがあるでしょう。

②ヘルシーな大人モード

　あなたのなかの「ヘルシー（健康）な大人」の部分が、物事や他人の言動や自らの反応をマインドフルに受け止め、落ち着いて対処している状態のことです。

　このモードは、他のモードと異なり、さらに具体的なモードに分かれることはありません。また、人によって大きかったり小さかったりします。《ヘルシーな大人モード》がうんと小さいと、その人は他のモード（傷ついた子どもモード、傷つける大人モード、いただけない対処モード）に簡単に巻き込まれ、ネガティブな体験をすることが多くなってしまいます。

《ヘルシーな大人モード》が大きければ大きいほど、他のモードが活性化してもそれに巻き込まれることはなく、それらに気づき、マインドフルに受け止め、落ち着いて対処し、「何かあってもなんとかできるから大丈夫」「何かあってもどうにか対処できるから大丈夫」とどっしりと構えていられるようになります。つまり、《ヘルシーな大人モード》が大きければ大きいほど、その人は自分で自分を幸せにすることができます。

◉ モードモデルにもとづくスキーマ療法の進め方

　ごく簡単な説明に留めます。モードモデルにもとづくスキーマ療法で行われるのは、以下のことです。

①《傷ついた子どもモード》の存在に気づくこと
②《傷ついた子どもモード》の気持ちや言い分に耳を傾け、子どもモードを癒すこと
③《傷つける大人モード》と闘い、《傷ついた子どもモード》を守

ること
④《いただけない対処モード》に気づき、そのモードから抜け出すこと
⑤《幸せな子どもモード》を育むこと
⑥《ヘルシーな大人モード》を作ること
⑦《ヘルシーな大人モード》を自分のなかの中心的なモードとして強めていくこと
⑧《ヘルシーな大人モード》に助けてもらいながら自分を幸せにしていくこと

では事例に入りましょう！

"超入門"と言いながら、ずいぶんと長くなってしまいました。ごめんなさい。第1章で紹介したセルフモニタリングやマインドフルネスは、理論やモデルはごくシンプルで、あとは実践あるのみ！のアプローチだとすると、この第2章で紹介したスキーマ療法は、それの元にある理論やモデルの情報量が多く、それをある程度ここで提示しておく必要があるため、こんなふうに長くなってしまいました（言い訳！）。

本章をすでにじっくりと読んだ人は、スキーマ療法についてある程度理解できてしまったかもしれません。それはそれで結構です。一方、本章をざっと斜め読みしたという人は、「わかったような、わからないような」という漠然とした感じかもしれません。それはそれでまったく構いません。心配しないでください。

本書の目的は、マミコさんの事例を通じてマインドフルネスとスキーマ療法について、生々しく、実感を伴って学んでもらうことです。これでお膳立ては整いました。

それではさっそく、マミコさんの世界に入りましょう！

第3章

マミコさん、認知行動療法を開始する

3-1
マミコさんとの出会い

初対面のときのマミコさんの様子

◉ 派手な出で立ちに驚く

　マミコさんとの出会いは強烈で、今でも初対面のときの彼女の様子が、私の頭に焼きついています。

　マミコさんは「認知行動療法を受けたい」と言って、私が運営するカウンセリング機関にいらっしゃいました。当機関では「インテーク面接」といって、2時間ほど時間を取って、さまざまな角度から情報収集をしたり、認知行動療法で解決したい問題について話してもらったり、こちらから認知行動療法について説明したりします。そして最終的に認知行動療法にもとづくカウンセリングを始めるかどうかを一緒に決めます。

　インテーク面接は、私がクライアントを待合室まで呼びに行き、面接室に招き入れるところから始まります。待合室で待っていたマミコさんを見て、そのあまりにも派手な服装に私は驚いてしまいました。

　原色を組合せたシャツとスカートに、派手なメイク。大ぶりのアクセサリーをじゃらじゃらさせていました。髪の毛はばっちりとセットされており、香水のいい匂いも漂ってきます。ゴージャスなパーティにそのまま参加できそうな出で立ちです。

◉ しかし下を向いたままボソボソと

　しかし面接室の椅子に腰かけてもらい、私が自己紹介したところ、マミコさんは下を向いてしまい、絶対に私の目を見ようとしません。インテーク面接の趣旨について説明し、「始めてもよろしいですか？」と声かけをしても、うつむいたまま、小さくうなずくだけでした。観察すると、両肩がぐいっと上がっており、速くて浅い呼吸を繰り返していることが見て取れました。ものすごく緊張しているのです。

　明らかに「お出かけおしゃれモード」の外見と、彼女の態度がちぐはぐで、私は戸惑ってしまいました。「この面接、ちゃんとできるかしら」と不安に思ったことを今でもよく覚えています。

　実際、話を聞き始めると、下を向いたままぼそっと短く返事はしてくれたので（耳を澄まさないと聞こえないような、か細い声でした）、なんとかインテーク面接は成立し、認知行動療法にもとづくカウンセリングを始めることが合意されました。しかし2時間ずっと下を向きっぱなしで、結局一度も目が合うことはありませんでした。

インテーク面接で語られたこと

　そんな感じのインテーク面接でしたが、面接で語られたことを整理すると以下のとおりとなります。

・年齢、職業、家族
　32歳。看護師。1人暮らし。家族や親せきとは音信不通。
・現在の生活状況
　総合病院の常勤看護師。夜勤もある。職場の人とは仕事以外のつきあいはない。友人つきあいはまったくない。つきあっていた恋人と別れたばかり。生活は仕事中心。仕事以外の時間は「何もしない」。趣味はない。飲酒習慣あり。喫煙習慣あり。運動習慣なし。経済的な問題は特にない。
・これまでの生活歴
　某県某市にて出生・生育。会社員の父親とパート勤務の母親との間に生まれる。5歳時に両親が離婚し、父親は本人を連れ、父親の実家で暮らすことに。母親のことは「まったく覚えていない」。離婚後母親とは「一度も会っていない」。父親は「冷たい人」。父方の祖父母が本人を養育するが、「つらいことだらけだった。思い出したくない」とのこと。
　7歳時に父親が再婚し、実家を出て行き、本人は祖父母に託され、戸籍上も祖父母の養子となる。「他に行くところがなかったから仕方がなかった」「戸籍とか養子とかそういうことはよくわからなかった」。父親とはその後、「ほとんど会っていない」。
　学校では目立たないようにひっそりとしていたが、「家よりはましだったので、学校には行っていた」。
　高校卒業後、祖父母宅を出て、上京し就職するも「嫌な目にあっ

て」数か月で退職。20代は仕事（主にアルバイト）を転々としていたが、「このままじゃまずい」と思って働きながら看護学校に通い、看護師の資格を取り、現在の勤務先病院に就職。現在2年目。20代で一度結婚をしているが数年後に離婚。

・これまでの治療歴

19歳時に最初の就職先を辞めた頃より精神科や心療内科に断続的に通院、服薬しているが、「これで何かがよくなった気がしない」「惰性で薬を飲んだり飲まなかったり」。通院先は安定しておらず、現在は通院していない。

これまでに「うつ病」「不安障害」「適応障害」「人格障害」「双極性障害」など、さまざまな"診断"を受けた。心理療法やカウンセリングも何度か受けたことがあるが、長く続いたことはない。

・当機関につながった経緯

「このままじゃまずい」と思って苦労して看護師の資格を取り、やっと常勤職に就けた。せっかく手に入れたこの状況をこれまでと同様のパターンで台無しにしたくない、なんとかしたいと考え、ネットや本をいろいろ調べたところ、認知行動療法（CBT）というのがあることを知る。今まで受けたカウンセリングとは何か違うかも、もしかしたら自分の助けになるかもと思い、インテーク面接の予約を取った。

・主訴（CBTを通じて解決したい問題）

❶気分の波が激しすぎる。

❷自分の行動をコントロールできない（主に自傷行為と過食嘔吐とアルコール摂取）。

❸人とまともに関われない、人を信じられない。

・当機関でのCBTに期待すること

「もう私には他に何もない。生きているのがつらくてたまらない。CBTがうまくいかなかったら死ぬと思います」とのこと。

＊　＊　＊

　以上がインテーク面接で話された内容でした。「当機関でのCBTにどんなことを期待しますか？」という私からの質問に対し、依然下を向いたままか細い声でさりげなく返ってきた回答（「もう私には他に何もない。生きているのがつらくてたまらない。CBTがうまくいかなかったら死ぬと思います」）が、私（伊藤）にとっては衝撃的でした。
　「この人はこういうギリギリの思いでこれまで生きてこられたんだなあ」「それだけの思いを抱えて、今日、このインテーク面接にいらしたんだなあ」と思って胸が痛みましたが、あえてこれ以上この話は広げませんでした。

私（セラピスト）の立てたプラン

◉ 必死の思いが伝わってきた

　そういうわけで、外見はパーティ仕様ですが、「目を合わさず下を向いたままか細い声で答える」という独特の話し方をするマミコさんとのインテーク面接での情報収集がひと通り終わりました。
　表向き、なんとか常勤ナースとして社会適応が保たれていますが、彼女の抱える生活上や人生上の問題は非常に深刻で、マミコさん自身もものすごい生きづらさを感じていることが、私にもある程度理解できました。一方で、「なんとかしたい」「せっかく手に入れた現状を台無しにしたくない」というマミコさんの必死の思いも同時に伝わってきました。だからこそ彼女はここに来てくれたのです。
　言葉の上では「うまくいかなかったら死ぬ」と言っていますが、これは「CBTに賭けてみたい」というマミコさんの希望の表れであるとも取れました。ましてや、「人とまともに関われない、人を信じられない」という主訴を持つマミコさんが、私（伊藤）という人に会いに来てくれて、いろいろなことを話してくれたのです。「人を信じられない」ということを初対面の人に伝えるのは勇気のいることです。

◉ まずはセルフケアを高める

　これまでの生活歴については少ししか聞いていませんが、そのわずかな情報からも、マミコさんには複数の深刻な「早期不適応的スキーマ」があり、スキーマ療法が彼女にとって役に立つ可能性は高いと思われました。
　しかしそれ以前の問題として、マミコさんのセルフケアの現状は

あまりにも貧弱です。マミコさんが挙げた3つの主訴を見ると、マミコさんが孤独のなかでストレス体験にやられまくっていることがわかります。そこで私は頭のなかで、次のようなプランを立てました。

> **セラピスト（伊藤）が初回面接でとりあえず考えたプラン**
>
> 1 まずはCBTを通じてセルフケアのスキルを高めてもらう。日々の自分助けがある程度上手にできるようになってもらう。
> 2 CBTを通じて、セラピストとの信頼関係をある程度形成する。少なくとも「信じられなくはない人」「ちょっとは信じてもいいかもしれない人」として思ってもらえるような関係を築く。
> 3 CBTを実施している間に、職場や生活の場で少しは人とつながれるようになってもらう。セラピストとの関係と同様、「信じられなくはない人」「ちょっとは信じてもいいかもしれない人」を1人でも2人でも見つけてもらう。
> 4 上の1、2、3が達成された後にも、マミコさんの抱える生きづらさが大幅に低減されなかったら、スキーマ療法の導入を検討する。

◉ なぜスキーマ療法を最初から適用しなかったのか

　早期不適応的スキーマをたくさん持っており、そのために生きづらいであろうことが明らかなマミコさんに対し、なぜ私はスキーマ療法をすぐに適用しようとしなかったのでしょうか。
　さっそくスキーマ療法を実施し、多大な生きづらさから彼女を

救ってあげたらよいのではないか、と思われる読者もいるかもしれません。が、以下の理由から私はそのようにはしませんでした。

(1) そもそもスキーマ療法とは、現実的な症状や困りごとに対する治療や対応が一段落してから取り組むべき長期の治療法であるから。これはヤング先生の著書にも明記されているし、私自身の経験を通じても「そのとおり」としか言いようがありません。マミコさんは、「現実的な症状や困りごと」にまみれていました。だからこそ、それらをある程度解決した後に、それでもなお必要であればスキーマ療法を導入しようと私は考えました。

(2) スキーマ療法は過去の傷つき体験を直接扱う治療法であり、治療の過程で過去の傷つき体験に多かれ少なかれ直面化することになります。それは痛みを伴う作業であり、したがって、その痛みをある程度セルフケアできるようになっておく必要があります。
　上記のとおり、マミコさんの現在のセルフケアのスキルは非常に低いと思われました。スキーマ療法をやり抜くためには、そもそものセルフケアのスキルを上げておく必要があります。セルフケアのスキルを上げるために最適な治療法はスキーマ療法ではなく認知行動療法（CBT）です。したがって私はマミコさんに、まずはCBTに取り組んでもらい、セルフケアの力を高めようと考えました。

(3) マミコさんはあまりにも孤独でした。職場の人たちとは表面上無難な人間関係を保っていましたが、それ以上の関係性はまったくありませんでした。家族や親戚とのつきあいもまったくありません。つきあっていた彼とも別れたばかりで、友人は1人もおらず、マミコさんを支えてくれる対人関係は皆無に等しい状況でし

た。この時点で精神科や心療内科の治療を受けておらず、治療的な支えもまったくありません。

　これはスキーマ療法を創始したヤング先生というより、私自身の考えが大きいのですが、**あまりにも孤独な人に1対1でスキーマ療法を実施するのは望ましくありません**。なぜなら実生活でひどく孤独な当事者が、過去の体験や心の深い部分に、セラピストと2人だけで潜ってしまうことによって、いわゆる「ニコイチ（2人で1つ）」の共依存関係に陥ってしまう恐れがあるからです。
「私のことをわかってくれるのは先生（セラピスト）しかいない」
「この人（セラピスト）だけが私の支えだ。ずっとずっとこの人と一緒にいたい」
　こうした思いは、一見治療的に望ましいように思えるかもしれませんが、たった1人の治療者だけに頼るという心のあり様は決して健全なものとは言えません。したがって私としては、マミコさんがCBTに取り組む間に、マミコさんの周囲に少しでも彼女の支えとなる対人関係を築く必要があると考えました。

(4)　これはマミコさんとのスキーマ療法について紹介するBOOK 2で詳しく述べますが、スキーマ療法では「治療的再養育法」という治療関係を形成し、その関係性のなかで治療を進めていきます。治療的再養育法においては、セラピストが養育者的な立場になり、当事者の「傷ついた子ども」の部分に対して、治療のなかで「育て直し」を図ります。
　この手法はやりようによっては非常にパワフルですが、最初から使えるものではありません。互いの信頼関係が必要です。私としてはまずCBTを通じてマミコさんと私との間にある程度の信頼関係を築き、その関係をベースに、治療的再養育法を行うのが自然で

あるし、安全であろうと考えました。

(5) これは若干言い訳がましいかもしれませんが、当時の私は、CBTの専門家ではあっても、スキーマ療法の専門家であるとは到底言えない状態でした。自分自身が学び始めたばかりだったからです。私が思うに、1つのセラピーを極めるのには、やはり5年10年という長い歳月を必要とします。そういう意味でも、「専門家である」と言い切れないスキーマ療法をいきなり導入するより、私自身が胸を張って「専門家である」と言い切れるCBTを使ってマミコさんを援助するのが、安全かつ妥当であると判断しました（言い添えると、そもそもマミコさんもCBTを受けに当機関にいらっしゃったのですから）。

＊　＊　＊

くどくどと書きましたが、以上のような理由で、私はマミコさんと共にまずはCBTに取り組もうと考え、CBTの効果を確認したうえで、必要があればスキーマ療法を紹介しようと考えたのでした。したがってこの時点ではまず、CBTについて説明し、始めるかどうかをマミコさんに判断してもらうことにしました[★]。

[★] スキーマ療法は現在進行形で発展している、比較的「若くて新しいセラピー」です。2003年にヤング先生らがテキストを出版した当初は、「CBTや薬物療法を通じて現実的な症状や困りごとが一段落してから、スキーマ療法を導入しましょう」というのがスタンダードでしたが、2015年現在、現実的な症状や困りごとに対して直接スキーマ療法を導入するやり方も論文等で紹介されるようになっています。私自身、そういう新たなやり方について今後さらに学んでいく必要がありますが、現時点では、スキーマ療法を安全に導入するには、まずはスタンダードなやり方が妥当であると考えており、臨床現場でも実際にそのようにしています。
心理療法（セラピー）は、それがどのようなアプローチであれ、人の心に踏み込む、いわゆる「侵襲性」が高い営みです。うまく使えば高い効果を上げますが、やり方を間違うと当事者をひどく傷つけてしまう恐れがあります。その意味で「いかに安全にそのセラピーを導入するか」というのは、最優先に検討するべき問いだと私は考えます。

「どうせやっても無駄とわかっている」と言いながらCBTを開始

● CBTについて具体的に説明する

　以上のプランにもとづき、私はマミコさんに対し、CBTの説明をしました。まずはCBTの特徴や進め方について具体的に示し、そのうえで次の点についてマミコさんに伝えました。

◎マミコさんが挙げてくれた3つの主訴（①気分の波が激しすぎる。②自分の行動をコントロールできない。③人とまともに関われない、人を信じられない）に対してCBTを行うことは可能であるが、いっぺんに3つを扱うことはできない。

◎CBTはスモールステップ方式で進めていくセラピーなので、いきなり大物の問題に取りかかるよりは、より規模の小さい、ひとまずは取りかかりやすい問題から手をつけるほうが得策である。

◎マミコさんの主訴のなかで、③は最も大きな問題。だからこそ、とても切実な問題であることは十分理解した。そのような理解のうえで、しかし上記の2つの理由により、まずは主訴の①と②を対象にCBTを開始するのがよいのではないか。おそらく主訴の①と②は関連し合っているだろう。

◎主訴①と②が、ある程度どうにかなったところで、③の問題が依然として残っていたら、覚悟を決めてこの問題に取りかかるのがよいのではないか。

◎「CBTがうまくいかなかったら死ぬ」というマミコさんの発言はしっかりと受け止めた。ちゃんと覚えておきます。

◉ 始めるに決まってるでしょ!?

　以上を伝えたうえで、CBTを開始したいか否かをマミコさんに尋ねたところ、少し怒ったように語気を強めて「始めるに決まっているでしょ!?」と答えました。

　このとき私は、この日初めてマミコさんとちらりと視線が合ったように感じました。彼女の顔が少し赤くなったようにも見えました。これまでうつむきながら小さな声で話してばかりいたマミコさんに、初めて感情が通ったように思われた瞬間でした。

　「感情が出る」というのはCBTにおいてもスキーマ療法においても非常に重要な現象です。マミコさんの発言は一見ネガティブで、セラピーでは扱いづらいように思えるかもしれませんが、実はそうではありません。セラピーで最も扱いづらいのは、「感情が出ない」「感情を出せない」「感情を完全に押し殺す」人です。つらい感情を十分に感じられなければ、それを癒すことはできないからです。

　インテーク面接中、マミコさんは緊張しながらも感情を押し殺し、淡々と答えているように私は感じており、「相当に感情を押し殺している人なのかな」「となると、CBTの進行も相当時間がかかるかもしれないなあ」と危惧したのですが（実際、この危惧はかなりの程度、当たっていました）、ここでマミコさんが怒ったような態度を示してくれたことで、むしろ私は安心したのでした（とはいえ、一瞬垣間見たマミコさんの「怒り」は迫力がありました。「始めるに決まっているでしょう!?」という言葉の語気の強さや、そう言って私を見たマミコさんの瞳の強さに、私が一瞬ビビったのは確かです）。

　そういうわけで、マミコさんと私は、まずは主訴の①と②を対象にCBTを開始することで合意しました。このまま私（伊藤）がセラピストとして担当し、週に一度のペースで進めていくことになりました。

◉ 小さな声で強烈なフィードバック

ところでCBTでは当事者のフィードバック（感想や疑問や注文や苦情など）をとても大切にします。CBTのセラピーはセラピストと当事者が二人三脚で協力しながら進めていくことが最も重要だからです。ですからセッション中にもセッションの最後にも、「あなたはどう思うか？」「あなたはどうしたいか？」「あなたはどう感じるか？」「あなたはどうしてほしいのか？」といった質問をたくさん投げかけます。

そういうわけで、このインテーク面接の最後に、私からマミコさんにインテーク面接の感想を問いかけたところ、次のような答えが返ってきました。このときのマミコさんはすでに元の様子に戻っており、下を向いて小さな声での回答でした。

「別に感想なんかありません。どうせやっても無駄とわかっているけど、他にないので仕方なくCBTを受けるだけなんです」

なかなかに強烈なフィードバックです。しかしここで「やっても無駄かどうか」について議論をしても意味がありません。**マミコさんはごく率直に感想を伝えてくれたのですから、私はそれを受け止めるだけです**（ここで議論が始まってしまったら、マミコさんはもう二度と率直に感想を言ってはくれないでしょう）。

「そういう一見否定的なことを率直に伝えてくれることはとても大事なこと。毎回、こんなふうに私に感想をお話ししてくださいね」

そう述べるに留めました。こうしてマミコさんとのインテーク面接が終わりました。

ちなみに、「別に感想なんかありません。どうせやっても無駄とわかっているけど、他にないので仕方なくCBTを受けるだけなんです」というマミコさんのフィードバックについては、私は次のように受け止めました。

◎CBTに対する期待は非常に高いのだろう。だからこそそれがうまくいかなかったときのショックを防ぐために、このような感想を述べたのだろう。なぜなら心底「無駄」だと思っていたら、インテーク面接には来ないはずだから。
◎否定的な感想を述べたとき、セラピスト（私）がそれをどのように受け止めるか、（意識的か無意識的かはさておき）様子を見ているのだろう。
◎とはいえ、「仕方なくCBTを受ける」というのはまさに彼女の本心だろう。マミコさんが人生にかなり絶望しているらしいことは、インテーク面接からも伝わってきた。「頑張って生きているのに、ちっとも幸せになれない」という絶望感ゆえの発言なのだろう。
◎いずれにせよ、初対面のインテーク面接から、否定的なフィードバックをしてくれるというのは悪いことではない。私はそれをしっかりと受け止めつつ、彼女と一緒にCBTを少しずつ着実に進めていこう。

3-2
「応急処置」で とにかくしのぐ

　そういうわけで週に一度の頻度で、マミコさんと私とのCBTが始まりました。スタンダードなCBTでは通常、主訴をCBTの基本モデルに沿ってじっくりと理解した後、さまざまな技法を用いて種々の問題解決を図ります。しかしマミコさんの場合、その前に、間に合わせでもよいから、「とりあえず解決しておかなければCBTを先に進められない問題」をいくつも抱えていました。それは以下の問題です。

・セッションに予約どおりに来られないこと
・セラピスト（私）に対する感情の揺らぎ
・慢性的な希死念慮と自殺企図の危険
・アルコール乱用と頻繁な過食嘔吐
・自傷行為（内腿をナイフで傷つける）
・見知らぬ人との喧嘩

　私たちはこれらの問題に対しては、根本的な解決を図るのではなく、ひとまず「応急処置」と称して、「とりあえずの解決」を図りました。それぞれの応急処置について簡単に紹介します（アルコールや過食嘔吐、自傷行為については、2番目の主訴として挙げられていたのですが、日常生活のなかであまりにもひどいので、根本解決は後で目指すとして、ひとまずは応急処置の対象とすることにしました）。

「予約どおりに来られないこと」
「セラピスト(私)に対する感情の揺らぎ」
に対する応急処置

◉ 葛藤はあって当然、なければ困る

　マミコさんはCBTや、セラピストである私に対して、「治療を受けたいけれども受けたくない」「CBTに取り組みたいけれども取り組みたくない」「セラピストを頼りたいけれども頼りたくない」「セラピストを信じたいけれども信じられない」といった葛藤する思いや感情を抱いていました。

　実はマミコさんに限らず、**深いレベルで心が傷ついている人ほど、CBTの開始当初にこのような葛藤が生じ、セッションに遅刻したり、セラピストに対して不信感をぶつけたり心を開けなかったりすることがよくあります**。セラピストとしては、そのような葛藤を隠さずに私にぶつけてくれるだけむしろ助かります（このような葛藤をセラピストにもぶつけられなければ、早々にそのケースは中断となってしまうでしょう）。

◉ 不信感が募ったときに読むカードを作る

　したがってセッションに遅刻したり、CBTや私に対する葛藤を打ち明けられたりしたときはその都度、「遅刻してでもよく来てくれましたね」「CBTや私に対する不信感をよく正直に打ち明けてくれましたね」と受け止めつつ、以下のような文言をカードに書き、セッションに行きたくなくなったり、CBTやセラピストに対する不信感が募ったときにはカードを何度も読み返してもらうことにしました。

> 「セッションに行きたくないときも、そりゃあるさ。でもせっかく予約を取ったのだから、遅刻したっていいから、とりあえず行ってみようよ」
>
> 「まだ CBT を始めたばかりだし、伊藤先生とも出会ったばかり。期待もあれば、不信感もあるのが当然。はじめから 100 パーセント信じられなくてもいい。とにかく続けてみよう。そして不信感や葛藤が出たら、とにかく先生に話してみよう」

　このカードを作ることによって、また不信感や葛藤をいつでも私に話せると保証されたことで、マミコさんは安定してセッションに通えるようになり、大きく遅刻するようなことはなくなりました。またセラピストである私に対して少しだけ心を開いてくれるようになり、私に対する信頼感のようなものがほんのわずかですが育ってきたように見受けられました。

「希死念慮と自殺企図の危険」に対する応急処置

◉ 死にたいと生きたいの「綱引き」状態にある

　CBTを開始した当初、私が一番心配したのは、マミコさんが慢性的な希死念慮（「死にたい」「消えてしまいたい」という気持ち）を持っていたことと、ときおり自殺企図（自殺を試みること）の一歩手前まで行くことでした。

　これについては時間をかけて何度もマミコさんと話し合いました。そこでわかってきたのは、以下の2点です。

(1)「死にたい」「消えたい」「いつ死んでもいい」という希死念慮は確かに常にあるが、一方で「生きたい」「それでもなお生きていたい」という反対の思いもある（だからこそ今CBTに通っている）。日常生活のなかでは、この2つの思いが綱引きしている感じ。その綱引き自体に疲れ果てると、「面倒くさい、もうどうでもいいや、だったら死んじゃえ！」という思いが強くなり、自殺したい気持ちが一気に強まってしまう。

(2) 自殺する場所と手段は実はすでに決めており（近所の10階建てのマンションの屋上からの飛び降り）、実は何度か、自殺したい気持ちが高まったときにそのマンションのそばまでフラフラと行ったことがある。一度などは、実際に屋上まで行き、そこから下を眺めたことがあるとのこと。これは非常に危ない。

　マミコさんは「決定的に死にたい」のではなく、"死にたい"と"生きたい"の綱引きに疲れたときに、猛烈に死にたくなるときが

ある」のです。それをマミコさんと共有したうえで、私は彼女に次のことを伝えました。

◎ CBT は「生きたい」という気持ちを応援し、「死にたい」という気持ちを癒していくための治療法。だから今は両者が綱引きで引き分け状態だとしても、CBT を進めていくうちに、「生きたい」が少しずつ勝つようになるだろう。そうなるように一緒に CBT を進めていこう。
◎ しかし当面は綱引き状態が続き、ときには自殺したい気持ちが高まることもあるだろう。そういうときに例のマンションに近づくのは危険なので、そういう気持ちをモニター（自己観察）しながら、気持ちが高まったときの対処法（コーピング）をあらかじめ決めておこう。

◉「生きたい君×死にたい君カード」を作る

　私とマミコさんは、2つのカードを作りました。1つは、「綱引きの絵」です。カードの左側には、「死にたい君」と「生きたい君」が同等の力で綱引きをしている絵を描きました。そして右側には綱引きの結果「生きたい君」が「死にたい君」に勝利している様子を絵に描きました。右側の絵には「CBT に取り組むとこうなる！」という吹き出しも付け加えました。

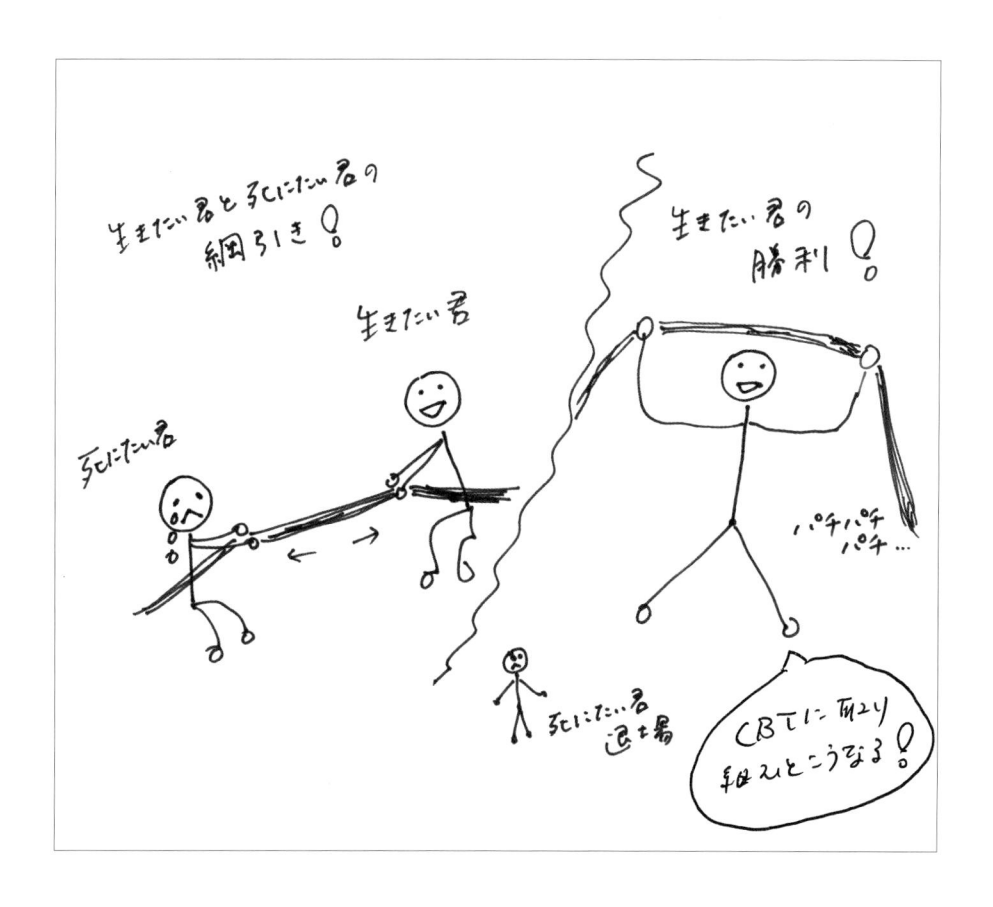

私の下手くそな絵にもかかわらずマミコさんはこのカードを気に入ってくれました。日常生活のなかで希死念慮を自覚したらいつもこのカードを見て、「ああ、そうだ。私は100パーセント死にたいのではなく、"死にたい気持ち"と"生きたい気持ち"の両方があって、綱引きしているんだな。今はその綱引き自体がしんどいけれども、CBTに取り組むうちに、"生きたい君"が綱引きに勝てるようになるんだな」と思ってみることにしました。

◉「危機脱出カード」を作る

　もう1つのカードは「危機脱出カード」と名づけました。これは綱引きに疲れ、「自殺してしまえ」という気持ちが一次的に高まり、例のマンションに出かけそうになった自分を救うためのカードです。カードには、このような危機状態になったとき、どのようにすればよいかが簡潔に書かれています。それは以下のとおりです。

> 1　「やばいね。自殺したくなってきちゃったね」と声に出して自分に言う。
> 2　「危ないからあのマンションには行かない」と声に出して宣言する。
> 3　家にいるときは下着姿になる（外出できないから）。
> 4　外にいるときは人がいる場所で数時間過ごす（カフェ、映画館、図書館、デパート）。
> 5　10分ごとに「自殺したい度」に数字をつけ、グラフにする。次第に「自殺したい度」が下がってくるはずなので、それを確認する。
> 6　そのグラフを次のセッション時に伊藤に見せる。
> 7　「自殺したい度」が下がり、危機が去ったら、何か1つ自分にご褒美をあげる。

　カードの裏には、次のようなご褒美リストを作りました。

> 1　ローズの入浴剤。
> 2　ゴディバのチョコレート。
> 3　早く寝る。
> 4　花を買う。
> 5　マッサージに行く。

危機脱出カードを使って自殺の危険から自分を救ったら、この5つのうちのどれかを自分にプレゼントすることにしたのです。3の「早く寝る」以外はそれなりにお金がかかるのですが、「死んじゃったらお金を使うことすらできなくなる。お金が使えるのは生きている証拠」と割り切って、自分にご褒美をあげることにしました。
　さらに私はマミコさんに次のことを伝えました。

◎「死にたい」「消えたい」「生きていたくない」「いっそのこと自殺したい」といった思いは、「自動思考」といって、勝手に出てくる認知である。勝手に出てくる認知に対し、マミコさんに何ら責任はない。したがってこういう思いが出てくること自体は否定せず、そのまま受け止めること。
◎そういう構え（否定せず、そのまま受け止める）を、CBTでは「マインドフルネス」と呼び、重視している。今後CBTを進めていくにあたっても重要な構えなので、「マインドフルネス」という言葉と共に、覚えておこう。

以上のようにして私たちは、マミコさんの希死念慮や自殺企図の危機に対処しました。私は2枚のカードの実施状況について、毎回のセッションで必ずマミコさんに尋ね、報告してもらいました。
　最初はセッションから日常生活に戻ると、カードのことをすっかり忘れ、希死念慮に飲み込まれてしまうようなこともありましたが、毎回のセッションでこれらのカードについて共有するうちに、マミコさんは日常的にこれらのカードを活用できるようになりました。また「死にたい」といった気持ちに対しても、それに飲み込まれることもなく、またそれを否定することもなく、ただ「ああ、私、今、死にたいんだなあ」とマインドフルに受け止められるようになっていきました。

「自傷行為」に対する応急処置

◉ 太腿をナイフで切っていた

　マミコさんは、希死念慮や自殺企図とは別の文脈で（つまり「死にたい」とは別の意図で）、自傷行為を頻繁に行っていました。
　自傷行為についてはインテーク面接や初期の頃にはまったく語られることはなく、私も知りませんでした。が、上記の「応急処置」を一緒に行っているうちに、「実は私、自傷もやっているんです」とマミコさん自身が切り出してくれて、私も知ることになりました。「看護師のくせに自傷しているなんて知られたら、（伊藤）先生に軽蔑されてしまうんじゃないか」と思って、最初は言わずに隠しておいたのだそうです。CBTを進めるうちに、「（伊藤）先生なら、何を話しても大丈夫」と思えるようになり、「本当は自傷をやめたい」「少なくとも頻度を減らしたい」という気持ちがあって、思い切って打ち明けてくれたのだそうです。

マミコさんの自傷行為は「太腿をナイフで切る」というものでした。10代後半から自傷行為が始まり、看護学校に行くまではずっと手首や腕を切っていましたが、看護の勉強や仕事をするにあたって「さすがに手首や腕はまずいだろう」と考え、ほぼ誰にも見られることのない太腿に切る場所を切り替えたのだそうです。
　マミコさんの手首や腕を見せてもらうと、確かに以前は切っていたのだろうと思われる傷跡がうっすらと残っていました。そして現在頻繁に切っているという太腿を見せてもらうと、確かに生々しい傷跡が何本もあり、見ていてかなり痛々しい感じがしました。

◉ 自傷は自分助け、やり方を変えればいい

　ただしマミコさんによれば、これは死ぬための行為ではなく、むしろあまりにも心がつらくなりすぎたときに太腿を切って、身体の痛みや鮮血の赤い色に意識を向けることで、なんとかやり過ごしているのだ、ということでした。つまり**マミコさんの自傷行為は「コーピング（自分助け）」でもあるのです。**
　そのことを共有したうえで、太腿を切る自傷行為については、次のような方針ややり方で対応していくことが合意されました。

◎完全に止めようとはしない。コーピングでもあることを認める。
◎切りたい気持ちが出たときにそれに気づき、モニターする。
◎切りたい気持ちの程度についてもモニターし、「切りたい度」に0～100％の数字をつける。
◎衝動に任せて切るのではなく、切る前に「どの程度切りたいの？」「どの程度切ることにする？」と自分自身に相談する。
◎自分に相談した結果、決めた範囲で切る。
◎切っている最中、切った後も、自分の反応をモニターする。切ったことでどのような効果があったのか確認する。

◎切ったら、きちんと出血や傷口の手当てをする（ナースなのでお手の物！）。
◎切ったら、次のセッションでそのことを必ずセラピスト（伊藤）に報告する。

　これらのルールについても紙に書き出して外在化し（CBTでは用紙やホワイトボードに何かを書き出して、眺められるような形にすることを「外在化」と言います）、毎回のセッションで確認するようにしました。
　以前は、自傷が止まらなくなり、かなり深く切ることがあったマミコさんでしたが、この取り決めにより、自傷をしてもさほどひどいことにはならず、また自傷後に自分をひどく責めるようなこともなくなりました。むしろセッションで毎回共有する「ネタ」のようなものになっていきました。

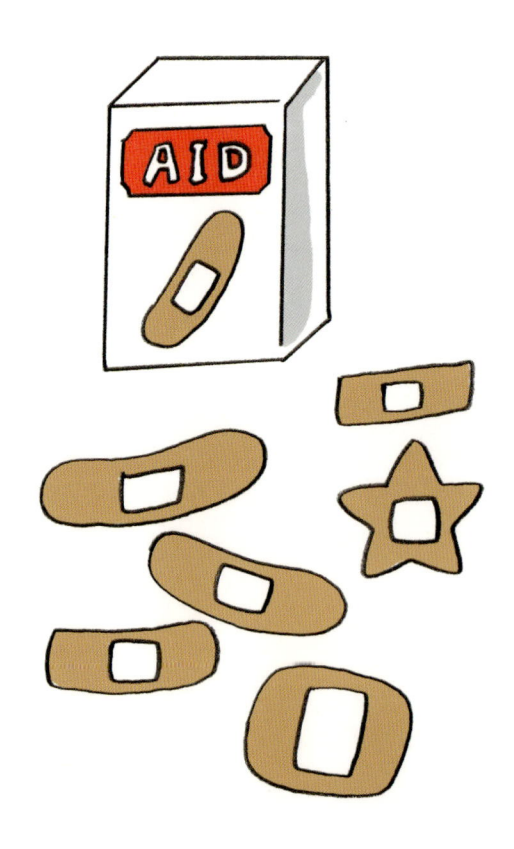

「過剰飲酒と過食嘔吐」に対する応急処置

● マイルールを作れば、飲んだって吐いたってOKだ

　マミコさんはときおり「スイッチが入って」アルコールを大量に飲んで激しく酩酊したり、コンビニ等で惣菜やお菓子を大量に買い、それらを一気に食べてはトイレで吐く、という過食嘔吐（食べ吐き）をしていました。これも先ほどの自傷行為と同様に、コーピングの要素が色濃くありました。いわゆる「ストレスが溜まった状態」になると、それをリセットするために過剰飲酒や過食嘔吐をするのです。

　しかし一方で、これらによる支障が小さくなく、マミコさんが特に困っていたのは「次の日の体調がものすごく悪く、仕事に集中できない」「休日前にこれをやっちゃうと、せっかくの休日が台無しになってしまう」ということでした。となると自傷行為と同様に、ルールを決めて、翌日に支障を来さないよう上手にお酒を飲んだり食べ吐きをしたりすることが必要となります。

　これについてはセッションではなく、マミコさん自身があれこれ工夫をしながら、お酒の飲み方や過食嘔吐について「マイルール」を作り、それに従って飲んだり食べたりできるようになったことで、生活や仕事への支障がうんと減りました。

　マミコさんいわく、自傷行為に対するルール作りを通じて、「自分の行動を責めるのではなく、それを"コーピング"であると認め、ルールを作ればよい」ということがわかったので、過剰飲酒や過食嘔吐に対するルール作りはさほど難しくなかったとのことでした。

「見知らぬ人との喧嘩」に対する
応急処置（とモードについての解説）

● スキーマモードとは

　読者のなかには「見知らぬ人との喧嘩って？」と怪訝に思う人がいるかもしれません。ここで喧嘩の解説をする前に、少しだけ「スキーマモード」について解説をしておきましょう。

　スキーマモードについては第2章で簡単に紹介しました（56ページ参照）。またマミコさんのケースでもこの後、スキーマモードやモードアプローチについては詳しく紹介しますが、ここでは、CBTが始まった頃のマミコさんの状態を理解しやすくするために、少し解説します。

　第2章でも述べたとおり、「早期不適応的スキーマ」が活性化されると人はさまざまな状態に陥ります。また人によってはスキーマが活性化されないように何らかの対処をしたり、あるいは活性化されたスキーマに対して何らかの対処をしたりもします。「どのスキーマが活性化されたのか、あるいはその人がそのスキーマに対してどのような対処をしたのか」によって、その時々のその人の状態は大きく変わってきます。そしてスキーマと関連する「その時々のその人の状態」のことをスキーマ療法ではスキーマモード（以下、モード）と呼びます。

● 心の傷が深いと極端なモードになりやすい

　スキーマ療法の提唱者であるヤング先生は、幼少期に受けた心の傷があまりにも深く、かつ複雑で、それを大人になってからも引きずっている人は、多くの早期不適応的スキーマを持っていること、

そしてそれらのスキーマに対してさらに不適応的な対処をしがちであること、その結果、そのような人は状況に応じてさまざまなスキーマが活性化されやすく、さらにそれらに対して不適応的な対処をするため、結果として実にさまざまな不適応的なモードに陥りやすいと述べています。しかもそういった人のモードは極端になりやすいとも述べています。

心が健康な人にもさまざまなモードがあり得ますが、さほど極端ではないこと、そして《ヘルシーな大人モード》が中心的なモードとして機能し、さまざまなモードをとりまとめてくれるので、バランスが取れ、安定しているとヤング先生は述べています。つまりスキーマレベルで深く傷ついている人は、その時々で極端なモードに陥りやすく、健康な人はさまざまなモードがバランスよく統合されているということです。

◉ マミコさんの背後には何がある？

さて、マミコさんに話を戻しましょう。マミコさんの生い立ちについては、インテーク面接でざっくりと聞いただけです。さほど詳しい情報は得ていません。

しかし5歳時に両親が離婚、母親のことは「覚えていない」、父親は「冷たい人」、祖父母宅での生活は「思い出したくない」という断片的な情報から、そして実際に今現在、ひどくしんどい状態でCBTを開始したマミコさんを思うと、彼女が心の深い部分に大きな傷つきを抱えていることは想像に難くありません。

となると、彼女が多くの早期不適応的スキーマを抱え、その結果、数々の極端なモードにその都度陥ってしまう、というのもなずけることです。応急処置で扱ったこと、すなわちセッションに来られなかったり、セラピストに不信感を抱いたり、希死念慮が強まったり、過度に飲酒したり、過食嘔吐をしたり、自傷行為をする、と

いったこともすべて、背景にはスキーマが絡んでおり、それが何らかのモードとなり、それが行動として表れているのでしょう。

◉ 突然怒りのスイッチが！

　59ページの《いただけない対処モード》の解説とリストを見てもらえますか。《いただけない対処モード》のリストのなかに、マミコさんの応急処置のほとんどすべての対象が含まれていますね（「お酒に走るモード」「自傷行為モード」など）。

　そのなかに「他人に逆ギレするモード」というのがあります。これと関連するのが「見知らぬ人との喧嘩」です。これについてもマミコさん本人は「知らないうちにスイッチが入ってしまう」と言っていました。

　たとえばコンビニのレジを待つ列に割り込もうとする人がいると、突然「怒りのスイッチ」が入ります。電車のなかで隣り合った人が持つ濡れた傘がマミコさんの持つバッグに触れたときにも、突然「怒りのスイッチ」が入ります。パン屋さんの店員の態度がマミコさんの意に沿わないと、やはり突然「怒りのスイッチ」が入ります。

　怒りのスイッチが入ると、マミコさんは抑えがきかなくなり、「割り込むんじゃねーよ」とか「バッグを濡らすんじゃねーよ」とか「お前、何様なんだよ」というように、相手を激しく罵ってしまうのだそうです。それで相手がひるんで謝ったり去ったりしてくれればそれで話は終わるのですが、なかにはマミコさんの罵りに反応し、逆ギレしてくる人もいます。そうなると公衆の面前で喧嘩になり、警察を呼ばれそうになったこともあるそうです。

　そしてそのときはよいのですが、後になって「ああ、またやってしまった」「何であんなことになっちゃったんだろう」とひどく落ち込み、それで死にたくなってしまうこともあるとのことでした。

● 毎回びっくりするほど見た目と態度が違う

「見知らぬ他人を罵り、喧嘩になってしまう」というのは、インテーク面接時のマミコさんの様子とはあまりにもかけ離れています（CBT を始めるかどうか私が尋ねたときの「始めるに決まっているでしょう！？」と答えたマミコさんの様子にはその片鱗が見られましたが）。

しかし、私がマミコさんからこの話を聞いたのは、CBT を始めて 10 回を超えたあたりの頃のセッションで、その頃にはこの話を聞いてもさほど私は驚きませんでした。というのも、毎回のセッションにもマミコさんはその都度異なるモードでやって来ており、そのなかには「他人に逆ギレするモード」がありそうなことがすでにわかっていたからです。

インテーク面接時には下を向いて弱々しい感じのマミコさんでしたが、服装とメイクはめちゃめちゃ派手でした。その「ちぐはぐさ」からも本人にいろいろなモードがあって、それがまとまっていないことがうかがわれます。そして第 2 セッション以降のマミコさんは、「え？ 先週のマミコさんとは別人みたい！」「この人は本当にマミコさん？」とこちらが毎回びっくりするほど、見た目も態度もその都度違うのです。たとえばこんな感じです。

《セッションでの様子》
・ビクビクと怯えた様子で、ちょっとした物音にもビクつく。
・非常にイライラした様子で、こちらが何か話しかけると「え？」と聞き返してくるが、そのときの表情や聞き返し方が、迫力があって怖い。
・最初から最後までハラハラと涙を流し続けている。
・無表情で何を聞いても「わかりません」「知りません」といったそっけない回答が返ってくる。感情が伴っていない。

- 悲しみが溢れている。小さな子どものように泣きじゃくる。
- やたらとセラピスト（私）を気遣い、私にサービスをしようとする。

《服装やメイク》
- ノーメイクで髪の毛も整えていない。洋服もコーディネイトされておらず、そこらへんにあったものを適当に着てきた、という様子。
- 就職活動中の学生さんのような無難できちんとした身なりで、ナチュラルメイク。
- 胸元がやたらと空いたトップスとか、身体のラインを浮き彫りにするワンピースとか、超ミニスカートに生脚とか、かなり挑発的な服装と派手なメイク。
- モノトーンで中性的なシャツとパンツ。

　以前の私であれば、このように、見た目やその時々の様子が毎回あまりにも異なるクライアントに対してかなり戸惑ったかもしれません。しかしマミコさんに会い始めたときの私はスキーマ療法を学び、「スキーマ」や「スキーマモード」という概念を理解していたので、最初の数回で、「あ、これはマミコさんのそのとき活性化しているスキーマやスキーマモードが違うということだな」「前回は『悲しんで泣いている子どもモード』でここに来たけど、今回は『他人に完全に心を閉ざすモード』で来たんだな」などと理解し、納得することができました。そしてスキーマ療法に入ることがあれば、これらのモードについても扱うことになるだろうと心づもりをしました。
　それにしても、これだけ見た目や様子がその時々で大きく異なる、ということは、マミコさんがそれだけ多くの早期不適応的スキーマを持ち、さまざまな極端なスキーマモードにすっぽりと入り込みや

すい、ということになります。マミコさんの抱える生きづらさの大きさや、そのなかでようやく生き延びている大変さやしんどさを思うと、私自身の胸が痛みました。

◉ 各種モードに乗っ取られているマミコさん

さて、見知らぬ人との喧嘩の話に戻りましょう。これもモードの仕業です。

上で私はこれと関連するのは「他人に逆ギレするモード」だと述べましたが、それだけではないかもしれません。たとえば「傷ついて怒っている子どもモード」や「傷ついてかんしゃくを起こしているモード」となって相手に怒鳴ってしまうのかもしれませんし、「理不尽に叱ってくる大人モード」や「罰を与えてくる大人モード」に乗っ取られて、こういう行動を取ってしまうのかもしれません。スキーマやスキーマモードを分析すればいずれわかることでしょう。

そういえば、インテーク面接でのマミコさんの「(CBTを) 始めるに決まっているでしょう!?」という反応や「別に感想なんかありません。どうせやっても無駄とわかっているけど、ほかにないので仕方なくCBTを受けるだけなんです」という感想も、逆ギレや、かんしゃくの要素があるかもしれません。もしかしたらこのときも、「逆ギレモード」や「かんしゃくモード」がちょこっとだけ顔を出したのかもしれません。

そういうわけで、何かの拍子にこれらのモードのスイッチがいきなり入ってしまうことによって、マミコさんは見知らぬ人にいきなりつっかかり、ときに警察が呼ばれかねないほどの喧嘩になってしまうのでした。マミコさん自身、このことに戸惑っているようで、「相手と喧嘩したいなんてちっとも思っていないのに、スイッチが入ると急にこんなことになってしまうんです」と話していました。

私たちはこの件に対しても応急処置をすることにしました。

◉ まずは心配を伝える

その際、私がマミコさんに強調したのは「マミコさんに対する私（伊藤）の心配」でした。私はマミコさんに次のようなことを伝えました。

- ◎ マミコさんは罵りたくて意図的かつ計画的に相手を罵っているのではなく、スイッチが入ってそうなってしまうだけ。なのでそのことで自分を恥じる必要はない（マミコさんはかなり話しにくそうに、この話をしてくれたのです。またこうなってしまう自分をひどく恥じてもいました）。
- ◎ 私が心配なのは、世の中にはおっかない人がいて、そういう人が、マミコさんに逆ギレするあまり、マミコさんに暴力を振るったり、ひどく傷つけたりするのではないかということ。この件で、マミコさんの身に何か起きてしまうことがものすごく心配。
- ◎ 警察が呼ばれ、ひょんなことでマミコさんが罪を着せられて、マミコさんがここに通えなくなってしまうことになったら、と思うとそれも心配。
- ◎ 心配だからこそ、スイッチの切り方を一緒に考えたい。スイッチを切れるようになりさえすれば、スイッチが入ってしまうことをそこまで恐れる必要はない。

◉ アロマペンダントで「スイッチ」を切る！

そして「スイッチの切り方」を、ああでもないこうでもないと一緒に検討し、いろんな案を出しては実際に試し、役に立つ対処法を探していきました。結果的に最も役立つ対処法は、「アロマペンダントを触り、匂いを嗅ぐ」というものでした。

アロマペンダントとは、アロマセラピーで使う香りのよいエッセンシャルオイルをたらすことのできるペンダントで、雑貨店などで購入することができます。そのペンダントにあらかじめラベンダーやオレンジなどのオイルをたらしておいて、外出時にはかならず身につけるのです。そしてスイッチが入ったことに気づいたらすぐに、そのペンダントを手で触り、アロマの香りを鼻から思い切り吸い込むのです。

　これはかなり「スイッチを切る」ためには効果的でした。ペンダントのひんやりとした手ざわりと、アロマの強烈な香り（アロマを使う人はわかると思いますが、直接嗅ぐと、あの香りはかなり強いですね）に気持ちを持っていかれて、気づいたらスイッチが切れてしまうのです。結果的に、毎朝ペンダントにオイルを仕込み、ペンダントを身につけて出かけることはマミコさんの習慣となり、これはスイッチを切るためだけでなく、日々の気分転換にも非常に役立つコーピングとなりました。

　ところでこの件について、マミコさんは後になって私に次のように話してくれました。

◎スイッチが入って他人を罵ってしまうことを、先生（伊藤）に話すのがすごく怖かった。軽蔑されてしまうのではないか、怖い人だと思われてしまうのではないか、など。
◎しかし軽蔑するどころか、私のことを本気で心配してくれた。びっくりしたけれども、とてもうれしかった。人に本気で心配してもらえるって、こんなにもうれしく、気持ちがあたたかくなるんだー、と思った（マミコさんは泣きながらそう伝えてくれました）。

応急処置終了！

◉ ちぐはぐながらもコントロールはできてきた

　これで、数々の「応急処置」がやっと一段落したことになります。この間、約半年ぐらいでした。

　いくつもの応急処置を通じて、マミコさんは、セッションに順調に通えるようになり、私との関係もまずまず良好なものとなり、希死念慮ともまあまあうまくつきあえるようになりました。また生活や仕事に支障を来さない程度に、上手にコントロールしながら、自傷行為をしたり、お酒を飲んだり、過食嘔吐をしたりできるようになりました。アロマペンダントのおかげで見知らぬ人と喧嘩をすることはまったくなくなりました。

　「応急処置のおかげで、ずいぶん楽になった。これだけでもここに通ってよかった」とのことでした。

　このときのマミコさんの様子ですが、さまざまな服装やメイクで来所することには変わりはありませんでしたが、最初ほどの「ちぐさぐさ」は減ってきていました。セッション中には自分の思いや気持ちを多少なりとも自然な形で出せるようになっていました（インテーク面接時にも、私に対しては思いや気持ちを多少は出してくれていましたが、そこにも「唐突さ」や「ちくはぐさ」がありました）。

◉ 次は「気分の波」に焦点を当てよう

　これらの応急処置も、もちろん認知行動療法（CBT）にもとづいて行われたことです。おおかた応急処置が終わった時点で、マミコさんにここまでの感想を尋ねてみました。

　ちなみにマミコさんはインテーク面接時に、このように述べてい

ました。

「もう私には他に何もない。生きているのがつらくてたまらない。CBT がうまくいかなかったら死ぬと思います」

　これについても併せて聞いてみたところ、「生きているのがつらいのは今も同じだけど、CBT が自分の役に立つことは少しわかってきたので、続けていればもう少し何かが変わるのかな？ という気はする」と答えてくれました。
　応急処置では、CBT の主訴②である「自分の行動をコントロールできない（主に自傷行為と過食嘔吐とアルコール摂取）」をすでに扱っています。そして応急処置とはいえ、この時点でこれらの行動はかなりコントロールされていました。
　私たちはこのことを共有し、今後本格的な CBT に取り組むにあたって、主訴①の「気分の波が激しすぎる」に焦点を当てていくことで合意しました。マミコさんによれば、この時点でも「気分の波が激しすぎる」という問題はまったく変わっていないとのことでした。

第 3 章　マミコさん、認知行動療法を開始する

マミコさんはなぜ仕事を続けていられたのか

● 「ロボット」になってその場をしのいでいる

　この時点で、読者のなかには疑問を抱いた人がいるかもしれません。
「これだけ大きな生きづらさを抱え、自殺企図や自傷行為や過食嘔吐などの問題行動を起こしながら、よく無事に仕事を続けられているものだな」
「この人は本当にちゃんと仕事ができているのだろうか」
　こういった疑問です。
　もっともです。マミコさんほどの症状や問題を抱えている人の場合、定職につけず、無職の状態でCBTを行うケースが確かに少なくありません。あるいは職に就けても長続きせず、転職を繰り返すケースや、短期のアルバイトで食いつないでいるケースもよくあります。
　しかし一方で、マミコさんのように、これだけの問題を抱えながらも表面的にはなんとか無事に職業生活や学生生活を送ることができている人が少なくないことを、私は知っています（とはいえマミコさんも20代は職を転々としていましたし、今は看護師として働き始めてまだ2年目です）。
　これはどういうことかというと、もちろんどんなに大きな傷つきや生きづらさを抱えていながらも、その人のなかにはヘルシーなスキーマやヘルシーなモード（ヘルシーな大人モード、幸せな子どもモード）があり、それが助けになっているというのもあるでしょう。もう1つ大きいのは、彼ら・彼女らが仕事の場面においてだけは感情的な

反応をぐっと抑えて、「いい子ちゃん」を演じている、というのがあります。

モードの言葉でいうと、《いただけない対処モード》に属する「感情を遮断するモード」や「他人に完全に心を閉ざすモード」に該当します。つまり心や感情を自分から切り離して、ある意味マシーンやロボットのように反応したり振る舞ったりすることで、なんとかその場をしのいでいるのです。これはあまり健全なことではありません。

◉ そのコーピングでは自分の心を殺してしまう……

おそらくマミコさんは、幼少期や思春期に、自分の心のつらさや苦痛をまともに感じたり、それに直面化したりすると自分が壊れてしまいそうだと直感し、だからこそ心を閉ざしたり感情を押し殺したりすることで生き延びる、ということをしてきたのでしょう。また自分の感情を外に出すことでかえってつらい思いをし、「他人に感情を知られてはならない」ということをルールとして学んだことがあったのかもしれません。

その意味では**感情を遮断したり他人に心を閉ざしたりすることは、まぎれもなく「コーピング（対処）」**だったのです。しかし、これをずっと続けると自分の心が死んでしまいます。マミコさんは自分の心を殺すことでなんとか仕事を続けることができていたのだと私は理解していました。

実際マミコさんは、職場ではいっさいの感情を出さず、他のスタッフと個人的なつきあいはせず、飲み会などにもほとんど参加せず、淡々と仕事をこなしていました。マミコさんいわく、職場に行くと「看護師スイッチ」が入り、スイッチが入っている間は、それらしくいられるのだということでした。スイッチが入っている間は、患者さんに対しても"看護師らしく"ケアができるし、医師や同僚

とも"看護師らしく"コミュニケーションができるのだそうです。

　CBTのセッションでも、ときおりマミコさんのこのようなモード（「感情を遮断するモード」「他人に完全に心を閉ざすモード」）が垣間見られました。すなわち、無表情だったり、何を聞いても「わかりません」という回答しか返って来なかったりしたときは、おそらくこのモードに入っていたのでしょう。無難できちんとした身なりで、そしてナチュラルメイクでセッションに来たときも、このモードだったのでしょう。

◉ 少しずつ変えていけばいい

　ただし私はこの段階で（すなわちCBTの初期段階で）、このようなモードについてマミコさんと共有することはしませんでした。というのも、いくら《いただけない対処モード》と言っても、このモードのおかげで彼女はなんとか仕事を続けられていたからです。

　彼女の主訴にも、このモードに関連することは入っていませんでした。それを今から問題視することで、たとえ「いただけない」としても「対処」として役立っているこれらのモードをマミコさんから取り上げ、万が一仕事を続けられなくなったとしても、私には責任が取れません。

　いずれにせよ本格的なCBTが始まれば、自らの反応（認知、気分・感情、身体反応、行動）をモニター（観察）し、それに向き合う作業に入ります。つまり気分・感情を殺すのではなく、それに向き合い、受け止めるということを必ずすることになります。

　したがって「感情を遮断するモード」「他人に完全に心を閉ざすモード」については、今後のCBTの流れのなかで、マミコさんと共に少しずつ向き合っていけばよいと、このときの私は考えていました。

＊＊＊

　以上が本格的な CBT に入る前に、マミコさんと行った「応急処置」についての解説でした。
　ここまでで約半年かかりました。応急処置を通じてさしあたっての問題はかなり解消され、少なくとも順調にセッションに通えるようになりましたし、日常生活も表向きは多少なりとも安定してきました。
　そこで、応急処置で作った数々のルールや対策を引き続き実行しながら、「気分の波が激しすぎる」という主訴に対する CBT を本格的に開始することにしました。

3-3
セルフモニタリングの練習とその行き詰まり

CBT を本格的に開始する

◉ まずは「気分の波」を観察し、理解する

　こうして、数々の問題に対する応急処置を引き続き実践してもらいながら、私たちは本格的な CBT に入っていきました（CBT についての解説は序章「認知行動療法の基礎知識」を参照してください）。「本格的な CBT」とは、次のような流れをたどります（24 ページの図 5 を参照）。

【ステップ 1】ストレス体験を、認知行動療法のモデルを使って観察し、理解する。
【ステップ 2】認知と行動のコーピングによって、自分を助けられるようになる。

　ステップ 1 ができて初めて、ステップ 2 に進むことができます。つまり本格的な CBT においてまず取り組むべきテーマは、自らのストレス体験を、CBT のモデルを使って、観察したり理解したりできるようになることです。
　マミコさんの場合、「気分の波が激しすぎる」というのが主訴ですから、「気分の波が激しすぎる」というマミコさん自身の体験を、CBT のモデルを使って観察し、理解できるようになる必要があり

ます。

　念のため序章で挙げた CBT の基本モデルを、あらためてここに示します。モデルの各要素についての説明は序章を参照してください。

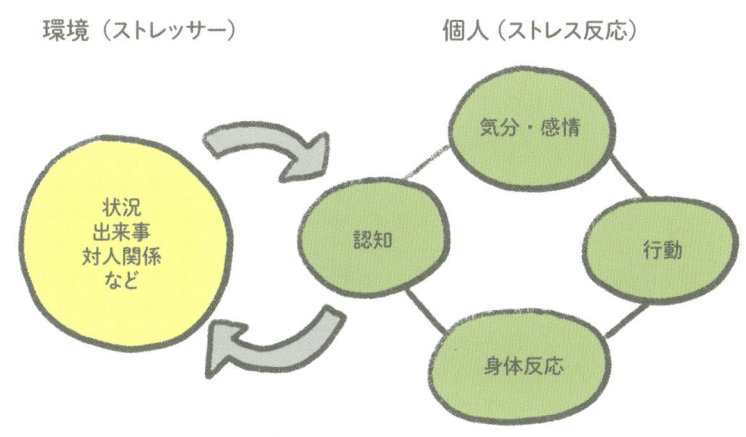

図 3-1　認知行動療法の基本モデル

◉　セルフモニタリング

　このような基本モデルに沿って自らの体験にリアルタイムで気づきを向け、観察し、
「ああ、自分はこういう状況に対してこんなふうに反応するんだなあ」
「対人関係でこういうことがあると、私はストレスを感じてしまうのだな」
「こういうときにこういう自動思考が出てくるのか」
「こういうことがあってこういう思いが出てくるから、私はこんな気持ちになってしまうのだな」

「今、私は感情的にひどく動揺しているなあ」
「この感情は何だろう、"不安"かな、"恐れ"かな」
「なんだか悲しくなってきた」
「ああ、なんか胸がドキドキしてきた」
「手足がチリチリと冷たくなってきたな」
「だから自分は今こんな行動を取っているんだ」
　……などと理解するプロセスのことを、CBTでは「セルフモニタリング」と言います。
　つまりCBTではまず基本モデルを理解し、それに沿ってセルフモニタリングできるようになることを目指す、ということになります。それが上記のステップ1です。

「気分の波」に数字をつけ、外在化する

◉ 0〜100の間で点をつける

　私たちはさっそく、マミコさんの主訴である「気分の波が激しすぎる」に対するセルフモニタリングの作業を始めました。最初に取り組んでもらったワークは、「その時々の気分に点数をつける」というものです。その際このような図を使いました。

```
    |━━━━━━━━━━━━━|━━━━━━━━━━━━━|
    0              50            100
(最悪な気分)      (普通)      (最高な気分)
```

図 3-2　気分に点数をつける

　これはビジュアル・アナログ・スケール（VAS）というもので、認知行動療法でもよく使う図です。あまり頭で深く考えず、図を見ながら、「だいたい80点」とか「だいたい35点」といったように、直感的に自分の体験に点数をつけるのです。
　マミコさんにまずやってきてもらったのは、時間を決めて、毎日同じ時間にこの図を見て、そのときの気分に点数をつけ、手帳に記録して、セッションに持ってきてもらうことでした。

◉ 衝撃のマイナス点

　1週間後、マミコさんの手帳には次のような数字が書かれていました。私たちはまずそれを共有しました（マミコさんは看護師で夜勤が

あるので、実際には毎日同じ時間につけることは難しく、気づいたときにそのときの気分を手帳にメモしてきてくれました）。

8月3日（日）	20点
8月4日（月）	50点
8月5日（火）	−50点
8月6日（水）	0点
8月7日（木）	15点
8月8日（金）	−70点
8月9日（土）	20点

　なんと「マイナス点」がついていました！
　マミコさんによれば、「最悪の気分」が0点であれば、自分の気分はそれどころではないぐらい「最悪の気分よりもっと最悪な気分」なのでマイナス点をつけた、ということでした。またどんなによくても50点が最高で、それ以上の点数はつきませんでした。つまり「"普通"より少しでもよい気分」がまったくなかったことになります。
　さらに、たった1日で気分が80〜100点も変動することがざらにあり、マミコさんの気分の変動の激しさがうかがわれます。マミコさんいわく「これはいつものこと。それどころか、1日のなかでも同じぐらい気分が激しく変動する」とのことでした。
　そこでその後は、1日のなかでどれぐらい気分が変動するか、ということについてもモニターし、メモを取ってきてもらうことにもしました。また職場と自宅とそれ以外でも気分が異なる可能性があるというので、それぞれの場所での気分にも点数をつけてもらいました。
　私たちはこんなふうにして、マミコさんの気分を点数化したもの

をデータとして集めまくりました。この間約 3 か月です。マミコさんはこの「気分に点数をつける」というワークをわりと気に入ってくれ、実にこまめにデータと取り、手帳にメモしてきてくれました。

◉「気分の波」に点数をつけてわかったこと

そのメモをもとに、私たちは「そこから何がわかるか」ということについて、繰り返し話し合いました。そこで明らかになったことを以下に示します。

・最高点は 50 点。それ以上にはならない。
・気分は突然変わる。徐々に上がったり徐々に下がったりすることはめったになく、突然大きく変動する。
・気分が変動するきっかけはよくわからない。
・マイナスまで点数が下がると死にたい気持ちが強まり、自傷行為や過食嘔吐や飲酒への欲求が高まる。「応急処置」で決めたルールの範囲内で自傷行為や過食嘔吐をしたりお酒を飲んだりすると、マイナス気分が若干改善する（たとえば－50 点が－20 点になったり、－30 点が 0 点になるなど）。しかしルールを超えてそれらをやってしまうと（すなわちやりすぎてしまうと）、その後、必ず気分がドーンと落ちる。やはり決めたルールの範囲内でこれらを行うことが大事だということがわかった。
・生理の 10 日ぐらい前から、激しいマイナス気分が続き、生理が始まると、若干気分が回復する。生理と生理の中間ぐらいのときにドーンと落ちる日が 3 日間ほどある。もしかしたら排卵日に関係しているのかもしれない。
・職場で誰か（患者さん、同僚、医師、上司）といるときは、30〜50 点の気分になりやすい。その後 1 人になると、どーんと落ちることがよくある。

- 自宅で 30 点以上の気分になることはない。常に 30 点以下。マイナスまで行くこともしばしば。どういうときにマイナスになるかは不明。
- 外出時に見知らぬ人に「怒りのスイッチ」が入ったときは、一瞬気分がよくなる。といっても点数にしたらせいぜい 45〜50 点。「気分がよくなる」というより、エネルギーを得る感じ。以前はそのエネルギーにまかせて他人を怒鳴りつけたり罵ったりしていた。結局その後、そういうことをしてしまった自分に対してドーンと気分が落ちていたのだろう。ということは、これについてはアロマペンダントを使った応急処置を続けるのがよいだろう。
- どんなに気分が落ちていても、CBT のセッションに来ると、セッションの最後には気分は 40〜50 点まで上がる。その余韻があるので、セッション後、2 日間ぐらいはわりと気分がよいことが多い。

◉ 私たちの方針

このように「気分に点数をつける」というワークを続けることで、実にさまざまなことがわかってきました。これをもとに私たちは次のような方針を立てました。

この時点での方針（認知行動療法）

1. 私（伊藤）とのセッションをこのまま続け、これからも一緒にCBTに取り組んでいく。
2. 今後もこのワークを続ける（マミコさんいわく、「点数をつけるだけで若干自分を客観視できる」とのことでした）。
3. 生理日および排卵日（仮説ですが）に気分がドーンと落ちることについては、「自分の身体の正常なリズム」としてとらえ、セルフケアを試みる。
4. 自傷行為、過食嘔吐、飲酒については、「応急処置」で決めたルールの範囲内で行うようにする。ルールの範囲内であれば多少気分が改善するから。逆にルールを超えるとその後かなりドーンと落ちるので、それを防ぐためにもルールを極力守りたい。
5. 見知らぬ他者に対する突然の怒りについては、引き続きアロマペンダントを使ったコーピングを使い続ける。
6. 気分の変動のきっかけがほとんどわからないので、CBTの基本モデルを使ってさらに細かくセルフモニタリングを行い、理解を深めていく。

大きな「気分の波」をCBTの基本モデルに沿って観察し、理解する

◉「ホームワーク頑張ります！」でも……

　私たちはマミコさんの「気分の波」をCBTの基本モデル（105ページの図3-1を参照）に沿って理解するためのワークを開始しました。
　マミコさんはセッション中に気分が大きく変化することはなかったので、そして日常生活では逆に気分が大きく変化することがしょっちゅうあったので、日常生活で気分が大きく変化する際の、環境（ストレッサー）および自分の反応（認知、気分・感情、身体反応、行動）を観察してもらい、それをセッションで報告してもらうことにしました。認知については特にその場その場で頭をよぎる考えやイメージ、すなわち自動思考（自動思考については44ページを参照）をつかまえるようマミコさんに伝えました。
　セッションで私がCBTの基本モデルについて説明すると、マミコさんは非常によく理解してくれました。「自動思考」や「気分・感情」がどういうものか、ということについてもしっかりと理解していました。そこでホームワーク（宿題）として、次の2つの課題をお願いしました。

◎気分が大きく落ちたときの環境や自分の反応を、CBTの基本モデルにもとづいて自己観察（セルフモニタリング）してみる。
◎自己観察した内容を手帳にメモしてくる。

　マミコさんはホームワークについてもやる気を見せていて、「頑張ってやってきます」と言って、セッションを後にしました。

しかし！

……ここで私たちは大きく行き詰まってしまいました。気分の変動時のセルフモニタリングのホームワーク課題が一切できないのです。

最初は「できませんでした」と言われても気を取り直して、セッション中にCBTの基本モデルについて一緒におさらいをし、「じゃあ、また日常生活で気分が大きく変化したときの環境や反応をCBTの基本モデルでつかまえてみよう」というホームワーク課題を設定して送り出す、ということを何度か行いました。それでもマミコさんは日常生活にいったん戻ってしまうと、セルフモニタリングができなくなってしまうのです。

◉ 仮説──なぜマミコさんはホームワークができないのか

これはどういうことなのでしょう？ 私は次のような仮説を立てました。

(1) マミコさんは何らかの理由によって自分の認知や感情を生々しく感じるのが怖いのではないか。気分・感情の程度には点数をつけられても、その中身に触れるのが怖いのではないか。

(2) だから認知や気分を「抑える」方向で、これまで生きてきたのではないか。生々しい認知や気分・感情や身体反応を「見ないようにする」「なかったことにする」というやり方で、これまでしのいできたのではないだろうか。

(3) CBTにおけるセルフモニタリングでは、ストレッサーやストレス反応を生々しくとらえ、それらに触れたり直面化したりすることが不可欠だが、マミコさんはそれと正反対のやり方で生きづ

らさをしのいできたとしたら、いきなりストレス体験（気分の波）をセルフモニタリングするのは無理かもしれない。私はあまりにも難しすぎる課題をマミコさんに与えてしまったのかもしれない。

● マミコさんに立ちはだかる「感情を遮断するモード」

　これは、先に述べた「感情を遮断するモード」を想定しての仮説です。

　このモードは《いただけない対処モード》に属しますが、このモードは最初から「いただけなかった」のかというと、そういうことではありません。《いただけない対処モード》に属する数々のモードはすべて、自分をなんとか助けるために形成されたモードに違いないのです。しかしそのモードばかりを使っていると、結局は自分が幸せになれない、最終的な自分助けにつながらない、というのがこれらの《いただけない対処モード》です。

　おそらくマミコさんも必要にせまられて、何らかの意味で自分を助けるために、「感情を遮断するモード」を使ってきたのでしょう。感情を自分から切り離すことによって生き延びてきた側面があるのでしょう。日常生活をなんとか無事に生き延びるために、感情を抑え込んだり切り離したりしながらしのいでいるのでしょう。先述したとおり、今はこのモードのおかげで看護師を続けられている、という側面もあるのでしょう。

　しかし感情を遮断するというのは、自分の心を殺すことにつながります。心を殺して生きるとは、文字どおり「生きていても死んでいる」ようなものです。私たちは生き生きとした認知や気分・感情を体験し、それを他者と分かち合うことで、喜びや幸せや慰めを得られる存在です。それを閉ざしてしまったのであれば、もちろんそれら（生きているからこその喜びや幸せや慰め）を得ることはできません。

自分を幸せにするために始めたCBTも、この「感情を遮断するモード」に阻まれて、行き詰まってしまいました。セルフモニタリングに入る前の段階では、私は「感情を遮断するモード」や「他人に完全に心を閉ざすモード」についてマミコさんに直面化するのを避けましたが、このモードに阻まれてCBTが進まないのであれば、ここでマミコさんとこの件について共有し、どう乗り越えたらよいか話し合いを行う必要があります。

◉ マミコさんの告白

　やはり次のセッションでも「気分の変動時のセルフモニタリングのホームワーク課題」ができなかったということをマミコさんが報告した際、私は上記の仮説をマミコさんに伝えました。そして「感情を遮断するモード」についても伝えたうえで、次のように言いました。

　「もしかしたらここ数回のセッションは、マミコさんにとって、とてもつらいものだったのではないかしら？　そうだとしたら本当にごめんなさい。あなたのなかに感情を遮断するモードや心を閉ざすモードがあるのではないかという私の仮説が合っているとしたら、生き延びるために使ってきたコーピングと逆の課題を、私はあなたにやらせようとしていたことになります。毎回ここに来て、『宿題ができませんでした』って私に報告するのも、つらかったでしょう？　ごめんなさいね。でも、認知行動療法はこの問題を乗り越えるための手段を持っています。それはマインドフルネスと呼ばれています。これまでのセルフモニタリングの課題は、『できる範囲でやる』ということにしておいて、マインドフルネスのワークに一緒に取り組みたいと私は考えています。今日残りの時間で、マインドフルネスについて説明させてもらってもいいですか？」

私が「感情を遮断するモード」について話し始めると、まずマミコさんの表情から一気に血の気が引きました。そして全身がガタガタと震え出しました。その後マミコさんの目からポタポタと涙が流れ落ちてきました。そして泣きながら以下のことを話してくれました。

◎感情を遮断してきた、というのは本当にそのとおり。感情なんかまともに感じたら、生きてこられなかったと思う。
◎今でも感情を抑え、人に心を閉ざしているからなんとか仕事を続けられている、というのも本当のことだと思う。
◎でもそれだと自分が「本当に生きてはいない」ということもどこかでわかっている。感情を抑え込んだり切り離したりしていると、とてもむなしい感じがするから。自分が空っぽな感じがするから。
◎でも自分の感情を見るのはとても怖い。何が出てくるのかわからないから怖い。何か恐ろしい感情が出てきて、自分がそれに耐えられないのではないかと思うと怖い。
◎しかもその感情を先生（伊藤）に伝えるのも怖い。伝えたら先生に見放されるんじゃないかと思うと怖い。
◎ただその「怖い」という思いも遮断してきたので、今指摘されるまで、そのこともわかっていなかった。
◎一方でどんなに頑張ってホームワークに取り組もうとしてもどうしてもできなかった。「スイッチが入る」の逆で、「スイッチが切れてしまう」感じ。だから毎回「できなかった」としか報告ができなかった。
◎毎回ホームワークの課題を「できなかった」と報告することで、いつか先生に見捨てられるのでは、と思うとそれも怖かった。でもその「怖さ」もたぶん抑え込んでいたので、これまでよくわからなかった。今「自分は怖かったんだ」ということがわかった。

◉ 方針変更、小波から始めよう

　今目の前にいるマミコさんは、まさに「怖い」という思いや感情を遮断することなく感じ、それを私に伝えてくれています。私は再度、マミコさんにそのような恐怖を与えてしまったことについて謝り、そのうえで「今の気分はどうですか？」と聞いてみました。

マミコさんによると、自分の「怖さ」「恐怖」に気づいた瞬間に、一瞬ドーンと落ちて－50点まで行ったけれども、今、そのことについてセラピスト（伊藤）と話せたことで、かえってちょっとホッとして20点ぐらいには戻ったような気がする、ということでした。マミコさんは今まさに、自分の思いや感情を強く感じて一瞬つらくなっても、それを外に出したり誰かと共有できたりするとかえって気分が楽になる、ということを初めて体験したのです。

　とはいえ、怖さや恐怖に一瞬のうちに圧倒されてしまうマミコさんの様子（血の気が引き、全身が震え出す）をその場で目撃した私は、やはりいきなり「気分の大きな波」を直接セルフモニタリングする課題は一度保留にして、もう少し安全なマインドフルネスのワークに一緒に取り組もうと決意しました。

　次章で詳しく見ていきますが、"大波"ではなく、日常のささやかな"小波"に対して自分の体験を開いていくのがマインドフルネスです。マインドフルネスを通じて、小波的な体験に十分に触れられるようになったら、すなわち小波的な体験をCBTの基本モデルに沿って十分にモニタリングできるようになったら、再度「気分の波が激しすぎる」という大波に接近しようと、方針を立てかえたのでした。

第 4 章

マミコさん、マインドフルネスのワークに取り組む

4-1
マインドフルネスの導入

なぜ行き詰まったのか？

◉「感情を遮断するモード」がのしかかる

　第3章では、私とマミコさんが認知行動療法（CBT）をどのように開始し、数々のさしあたっての問題に「応急処置」を行い、「気分の波が激しすぎる」という主訴に対して本格的なCBTを開始したところまでを示しました。

　CBTではまずセルフモニタリング（自己観察）を行います。マミコさんは、気分の波に「0〜100点」までの点数をつけて、それらを外在化するところまでは順調に行えたのですが（実際には0〜100点ではなくマイナス点がつけられることが多々ありましたが、気分に点数をつけるワーク自体は順調でした）、次の課題、すなわち気分に"大波"があったときにそれをCBTの基本モデルを用いてセルフモニタリングする、というところで行き詰まってしまいました。

　ここでマミコさんと私で合意された「なぜ行き詰まってしまったのか」ということについての仮説は、以下のとおりでした。

◎幼少期から今に至るまで、マミコさんは生き延びるために「感情を遮断するモード」を使ってきた。すなわち、生々しい認知や感情の中身に触れるのが怖いので、それらが生じそうになると、「抑え込む」「切り離す」「見ないようにする」ということでなんとか切り抜けてきた。

◎だからこそ CBT におけるセルフモニタリングの課題（自分の体験を生々しくとらえ、触れていく作業）にいざ取り組もうとすると、「感情を遮断するモード」が自動的に発動して、課題ができなくなってしまったのではないか。

◉ 小波を乗り越えることから始めよう

その際、私は「感情を遮断するモード」は《いただけない対処モード》に属する、いわゆる不適応的なモードであることをマミコさんに伝え、マミコさんが回復するためにも、CBT を先に進めていくためにも、このモードを乗り越えていく必要があることを伝えました。

マミコさんはその話を聞くや否や、「血の気が引く」「全身がガタガタ震える」といった恐怖反応を一瞬示しましたが、最終的には涙を流しながら「自分自身の生々しい思いや感情を見ることに対する怖さ」について認め、同時に、誰かと自分の感情を分かち合うことで気持ちが楽になることをその場で体験しました。そして「感情を遮断するモード」を一緒に乗り越える決意をしました。

とはいえ、気分の"大波"の中身にいきなり触れていくのはマミコさんにとってハードルが高すぎるので、大波ではなく"小波"ぐらいの体験に対するセルフモニタリングやマインドフルネスのワークをしばらく行うことにしたのでした。実はマインドフルネスについては、すでにマミコさんに対し、希死念慮や自殺企図に対する応急処置のワークの際に伝えたことがあります（85 ページ参照）。それを再度ここに示します。

◎「死にたい」「消えたい」「生きていたくない」「いっそのこと自殺したい」といった思いは「自動思考」といって、勝手に出てくる認知である。勝手に出てくる認知に対し、マミコさんに何ら責任はない。したがってこういう思いが出てくること自体は否定せず、そのまま受け止めること。
◎そういう構え（否定せず、そのまま受け止める）を、CBTでは「マインドフルネス」と呼び、重視している。今後CBTを進めていくにあたっても重要な構えなので、「マインドフルネス」という言葉と共に、覚えておこう。

復習！ マインドフルネス

◉ マインドフルネスの定義

　そしてマミコさんは、「死にたい」という思いに対しては、「ああ、私、今、死にたいんだなあ」と、ひとまずそのままマインドフルに受け止められるようにはなりました。……と第3章で私はそう書きましたが（86ページ参照）、ここで、第1章で紹介したマインドフルネスの定義をもう一度示します。

> **マインドフルネスとは**
> 自らの体験（自分自身をとりまく環境や自分自身の反応）に、リアルタイムで気づきを向け、受け止め、味わい、手放すこと。

　マインドフルネスのワークを本格的に行うにあたって、私はマミコさんにこの定義を伝え、「死にたい」という思いに対してどれだけマインドフルになれているか尋ねました。マミコさんは、「気づくことはできているけれども、受け止めるとか、味わったりするといった感じはまったくない」とのことでした。「死にたい気持ちを味わうなんて、そんなことできるんですか？」とこのときマミコさんはむしろ驚いていました。

　そういうわけで、「死にたい」気持ちの応急処置として一応「マインドフルネス」という言葉は使いましたが、本当の意味ではマインドフルではなかったことがここでわかりました。そのことを共有したうえで、やはりここでマインドフルネスのワークにじっくりと取り組んでいこうということがあらためて合意されました。

● マインドフルネス、これだけは知っておいてほしい

　私は「これは実際に体験してはじめて実感としてわかることだけれども」と前置きしつつ、「ひとまずマインドフルネスについて最低限の説明はさせてね」と言って、次のことをマミコさんに伝えました。

◎マインドフルネスはこれまでにトライしてきたセルフモニタリングの延長線上にある。
◎これまでは「気分の波が激しすぎる」という主訴に焦点を当てて、セルフモニタリングを試みたが、「感情を遮断するモード」に阻まれてそれが難しいことがわかったので、ここでのセルフモニタリングやマインドフルネスは、主訴からいったん離れて、生活上のさまざまな体験に対してワークを行うことにする。
◎マインドフルネスのワークでは、自らの体験1つひとつに気づきを向け、それらをありのままに生々しく感じ、それらの体験や感覚を優しく受け止め、興味を持って味わい、味わいつくしたらそっと手放す、ということを行う。
◎マインドフルネスで重要なのは、それらの体験や感覚を評価したり判断したりは一切せずに、そのまま見て、受け止めて、感じて、味わい、手放すことである。自分の体験や感覚について、それを「よい」とか「悪い」とか「好き」とか「嫌い」と判断しない。これは口で言うのは簡単だけど、実際には結構大変。だから練習が必要。

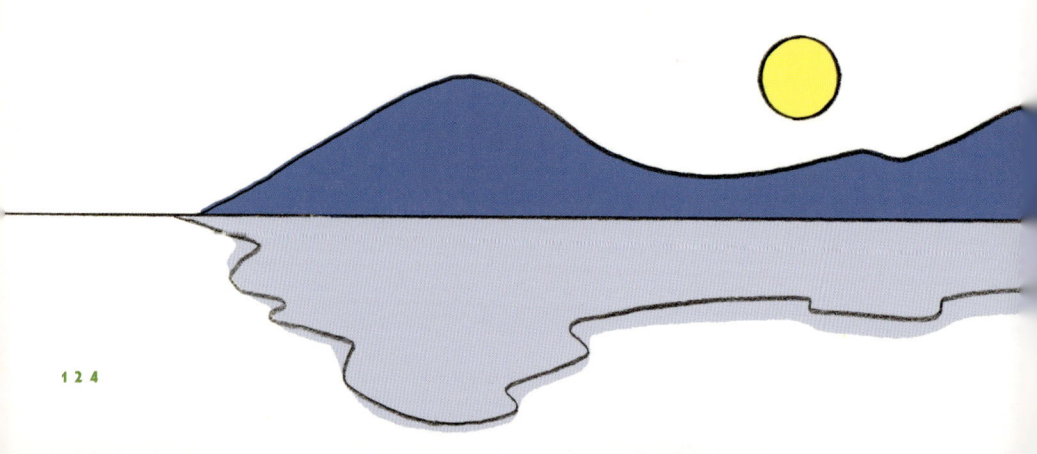

◎ちなみにここでいう「手放す」というのは、「感情を遮断するモード」における「遮断」や「抑え込み」とはまったく異なる。どこかに追いやるのとも違う。手放すというよりも、それが自然に放たれていくのを見ている感じ。そもそも手放す前に、受け止めて味わう体験が不可欠。食べ物を口のなかで十分に味わいつくしてから飲み込むようなイメージ。

◉ 主訴からいったん離れ、日常の小さなワークへ

マミコさんは私の話を聞きながら、きょとんとして、まるで狐につままれているような反応を示しました。
「どう思う？」と私が問うと、「自分の体験を味わうって、よくわからない」「生々しく感じるって、なんだか怖い感じがする」と正直に答えてくれました。
「これらは体験してわかることだから、今はわからなくて OK。それに、日常の小さな体験からワークを始めるので、怖がらないでも大丈夫」と伝えました。
そういうわけで私たちは、CBT の大きな流れとしては、応急処置を続けつつ、その時々の気分の点数化も続行し、あとは主訴である「気分の波」からいったん離れて、さまざまなマインドフルネスのワークに入っていきました。

4-2
「体験系」の
ワークの実践

◉「体験系」と「思考／感情系」の2種類がある

　「考えるより体験しよう」というのがマインドフルネスのコンセプトです。私たちはさっそくマインドフルネスの数々のワークに取り組むことにしました。

　ところでマインドフルネスのワークには、「体験系」と「思考／感情系」の2種類があります。体験系では、「食べる」とか「飲む」とか「呼吸をする」とか「歩く」とか、つまり"何かをする"という体験における自分自身の反応に触れていくようなワークをします。ここでは主に五感の感覚を感じ取るようにします。

　一方、思考／感情系では、その時々の自らの内的な体験（CBTの基本モデルで言えば、認知、気分・感情、身体反応）に目を向けて、それらの体験をあるがままに生々しく感じる、というワークをします。

　この2つはまったく別のものではなく、せんじ詰めればマインドフルネスを体験し、その構えを習得するという意味ではほとんど同じです。ワークの表面的なあり様が異なるだけです。料理を習得するのに、和食から入るか、イタリアンから始めるか、というような違いだとお考えください。

　マミコさんの場合、「気分の波が激しすぎる」に対するセルフモニタリングが、「感情を遮断するモード」のせいでどうしてもできなくなってしまったという経緯があるので、最初から思考／感情系

のワークをするより、まずは体験系のワークのほうが導入しやすいと私は判断しました。またマミコさんは、マインドフルネスについて説明のなかでは、「食べ物を口のなかで十分に味わいつくしてから飲み込むようなイメージ」という表現がわりとしっくりきたようでした。

　そういうわけで、マミコさんとの最初のマインドフルネスのワークは、マインドフルネス業界（?）でも光り輝く王道のワークである「レーズン・エクササイズ」を行うことにしました。これはレーズンという食べ物を使ったワークです。

ワークの王道「レーズン・エクササイズ」

◉ レーズン・エクササイズのやり方

まずレーズン・エクササイズのやり方と具体例と解説を示します。

■レーズン・エクササイズ■

【やり方】レーズンを1粒用意します。そのレーズンを手に取って、眺め、匂いを嗅ぎ、手のひらの上で転がし、指でつまみ、口のなかに放り込み、舌先で触れ、口のなかで転がし、歯で噛み、噛み砕き、噛み砕ききったら飲み込む……というふうに、「レーズンを1粒食べる」という行動をスモールステップで少しずつ行いながら、そのときの身体感覚を1つひとつありのまま感じ、描写していきます。

もちろん同時に自動思考や気分・感情が生じたら、同じようにありのままに感じ、描写していきます。

【具体例】レーズンを右手でつまみ上げる。つまみ上げるときの指先の感覚を感じる。「軽いな」「レーズンをそのまま食べるなんてあまりないことだな」……親指と人差し指の先で少し強めにレーズンをつまんでみる。「意外と弾力があるな」「プニプニしてる」……つまんだレーズンを顔に近づけてみる……レーズンを眺める……「意外にグロいな」……「ゴツゴツしてて岩みたい」……「いっぱい皺(しわ)がある」……レーズンを鼻先に持っていき、匂いを嗅いでみる……「ふーん、あんまり匂いってしないもんだな」「かすかにレーズンの匂いがする」「あ、鼻の奥がツンとした」「あ、なんか口のなかに唾が出てきた」……

レーズンを左の手のひらに乗せる……レーズンの重みを感じてみる……「手のひらだとこんなレーズン1粒でも重さがあるんだな」……「さっきまでレーズンをつまんでいた右手の親指と人差し指がちょっとべたべたしている感じがする」……左の手のひらの上でレーズンを転がしてみる……「意外に転がるなあ」「ああ、手のひらがくすぐったい！」……「もうそろそろ口のなかに入れてみようかな」……再び右手でレーズンをつまんで、口のなかにひょい！とレーズンを放り込む……「お、口のなかに勢いよくレーズンが入って来た！」「口のなかで転がった！」「口のなかがくすぐったい！」……（まだレーズンを嚙まずに）舌先でレーズンに触れたり、口のなかでレーズンをゆっくり転がしたりする……「あ、レーズンの味だ」「舌先からレーズンの味がじわって広がってきた」「あ、口のなかに唾がじゅんじゅん出てくる」「歯で触ると、レーズンって結構硬いんだなあ」……前歯や奥歯を使って、レーズンの硬さを確認する……「結構弾力がある」「ああ、もうそろそろ嚙みたいなあ」「このまま嚙み切ってしまいたい」「もう口のなかが唾だらけだ」……レーズンをひと嚙みする……「うわあ、レーズンっ

第4章　マミコさん、マインドフルネスのワークに取り組む

てこんなに甘酸っぱいんだっけ？」「ひと噛みしただけで、レーズンの味が舌に突き刺さってくる感じがする」……ひと噛みして2粒になったレーズンの味をしばらく感じる……「ものすごく味が濃い」「噛んだら鼻からも匂いが抜けてきた」「強烈だ！」「口のなかがレーズン風味の唾でいっぱいになってきた」……唾を飲みこむ（レーズンはまだ飲み込まない）……ごくん……「レーズン味の唾が喉を通った」……レーズンを奥歯でゆっくりと噛み砕いていく……「わあ、噛めば噛むほど、レーズンが細かくなっていくなあ」「わあ、噛めば噛むほど、口のなかがレーズンワールドになっていくなあ」「すごい、唾ばっかり出てくるんだけど」……レーズンを噛み続ける……「もうレーズンが細かいかけらになってきちゃった」「もうそろそろ飲み込みたいな」「いい加減飲み込んでしまいたいなあ」……「飲み込みたい」という思いを味わいながら、飲み込む……ごくん……「あ、レーズンのかけらが喉を通っていく」……さらにごくん……「細かいかけらが喉を通っていく」「鼻からレーズンの匂いが抜けていく」「口も鼻も喉もレーズンにまみれている」……口のなかに残ったレーズンのかけらを舌で探し当てながら、すべてのレーズンのかけらを飲み込む……「口のなかにレーズンがなくなった」「レーズンはないけど、口のなかはまだレーズンの味が残っている」「レーズンの余韻がする」（以上）

【解説】「たった1粒のレーズンを食べる」という行動を細分化し、その行動をゆっくりと少しずつ進めながら、そのときの身体感覚（五感）、自動思考、気分・感情を1つひとつ大事に受け取って、味わいましょう、というワークです。レーズン1粒食べるというシンプルな行動に、実にさまざまな感覚、思考、気分がギューッと詰まっているのが、おわかりいただけたで

しょうか。

　こういうふうに行動を細分化し、1つひとつを味わう、というワーク自体に慣れていない人は、「もどかしい」「もっと早く先に進みたい」という自動思考や気分・感情が生じるかもしれません。そうしたら「今、『もどかしい』って思っちゃったなあ」「私、先に進みたがっているんだなあ」と受け止めつつ（つまりそれらの思考や感情もマインドフルに味わいつつ）、ワークを行ってください。

　慣れてくると、このワークのなかにゆったりと留まって、1つひとつの細かい体験を大事に味わえるようになります。

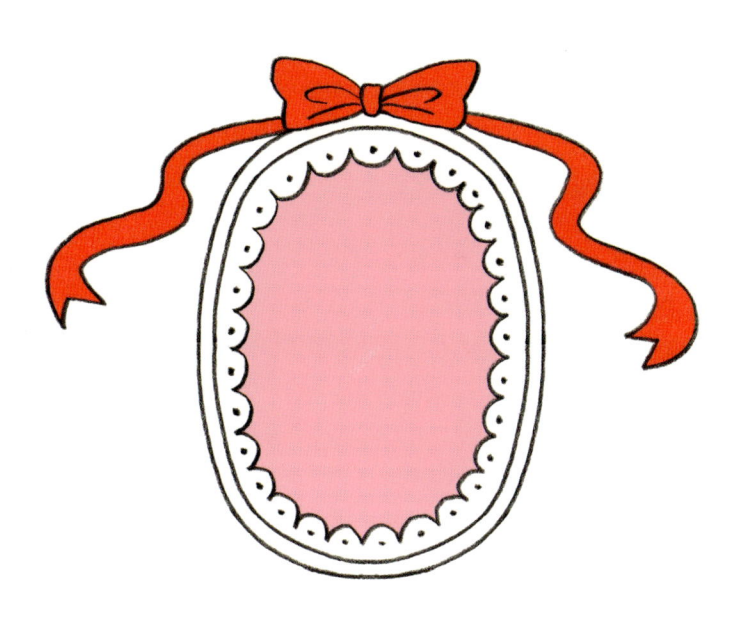

第4章　マミコさん、マインドフルネスのワークに取り組む

● めんどくさい！ 馬鹿馬鹿しい！

　私とマミコさんは、毎回のセッションで20分間、このエクササイズを行うことにしました。そして実際に毎回20分間かけてレーズン・エクササイズを行いました。

　マミコさんの場合、最初から先に挙げた【具体例】のように1粒のレーズンをじっくりと体験できたわけではありません。「慣れていない人は『もどかしい』と感じるかもしれない」と【解説】で書きましたが、マミコさんの場合、「もどかしい」どころか、最初の5回ほどのエクササイズでは、「めんどくさい」「馬鹿馬鹿しい」「こんなことやって何になるの」「やだ、もうやめたい」「なんかイライラしてきた」など、まるで駄々をこねる子どものようにエクササイズに対する文句を言い続けました。

　私はそれらを、
「ああそう、『めんどくさい』って思ったのね」
「ふーん、『馬鹿馬鹿しい』という自動思考が出てきたのね」
「あら、『イライラ』という感情も出てきたのね」
と1つひとつ受け止めつつ、エクササイズ自体は予定どおりに続けました。

　その間はエクササイズを終えた後もマミコさんは、「もうこんなことやりたくない」「次からやめていいですか？」などと不満を述べましたが、そもそもマインドフルネスのエクササイズをどうして始めたか、というところに立ち戻ると（すなわち「感情を遮断するモード」のせいで「気分の波が激しすぎる」という主訴がモニタリングできない）、マミコさん自身が「確かにマインドフルネスの練習は私には必要な気がする」と思い直し、次のセッションでもレーズン・エクササイズを行うことにしぶしぶ同意するのでした。

◉ その「不満」をモニターできたことに意味がある

　実はマミコさんのこのような「不満」「文句」には大きな意味があります。

　「気分の波」に対するセルフモニタリングがなかなかうまくいかなかったマミコさんでしたが、このレーズン・エクササイズというワークにおいて、「めんどくさい」「馬鹿馬鹿しい」という自動思考をしっかりととらえ、報告できています。「イライラする」という気分・感情もそれをしっかりと感じ取り、言語化することができています。

　このようにその場その場の自動思考や気分・感情をリアルタイムでモニターすること自体に実は大きな意味があるのです。

　気分の波に関わる自動思考や気分・感情のセルフモニタリングの練習がうまくいかないことによって始めたマインドフルネスのワークです。そしてそのワークのなかで、マミコさんは「めんどくさい」「イライラする」といった自動思考や気分・感情をありのままとらえ、報告することができています。これはセルフモニタリングの練習がうまくいっていることに他なりません。

　私がそのことをマミコさんに伝えると、彼女はハッとしたような表情になり、「確かにそうかもしれない。エクササイズをやっているときの自分の反応はそのままつかまえられるし、躊躇（ちゅうちょ）なく先生に伝えられる」と答えてくれました。

　そして「そうか、こんなふうに、思ったまま感じたままを、つかまえて、口にすればいいんですね」とも話してくれました。

◉ 20分でも短く感じてきた

　こんな感じで、マミコさんは不満や文句を言いつつも、毎回のセッションでレーズン・エクササイズに取り組みました。興味深いことに、その練習が5回を過ぎ、10回目あたりに差しかかる頃には、マミコさんの様子が変わってきました。不満や文句を口にすることがなくなり、じっくりとレーズンを見て、触って、匂いを嗅いで、口に入れて味わう、という一連のワークに留まれるようになってきたのです。

「よく見るとレーズンって面白い形をしているんですね。ずっと見ていても見飽きない気がしてきました」

「噛んだときの味が強烈で、たった1粒のレーズンなのに、何かものすごい栄養が詰まっているような気がします」

「飲み込んだ後の、口のなかのレーズンの余韻がずっと残っていて、なんだか名残惜しい気がします」

　といったことを述べるようになりました。終わった後も「やっていて楽しかった」「20分があっという間だった」といった感想を述べるようになりました。

　私が「最初はあんなに、めんどくさい、馬鹿馬鹿しいって不満を言っていたのに、どうしちゃったのかしら?」と問うと、マミコさん自身も「自分でも不思議。あのときは1分も耐えられない気がしたのに、今は20分が短く感じるぐらい、自分の感覚が違ってきた」と本当に不思議そうに言っていました。

◉ セラピスト側がマインドフルに受け止める

　実はマミコさんのような人は多くいらっしゃいます。マミコさんのように「感情を遮断するモード」などを持つ人は、自分の生々しい体験をその生々しさのまま感じ、受け止めることをしないで生きてきました。だからこそCBTのセルフモニタリングがうまくいかないことが多くあります。

　その際、マインドフルネスのワークを導入すると、初めは非常に急いたりもどかしがったりします。「こんなことやって何になるの？」とイライラする人もめずらしくありません。

　しかしそれらの反応をこちら（セラピスト）側がマインドフルに受け止めつつ、根気強くワークを続けていくうちに、「今・ここ」での自分の体験に踏み留まれるようになり、それらの体験を見たり味わったりすることが次第にできるようになるのです。これがすなわち「マインドフルネス」の構えです。この構えさえ一度できてしまえば、それをレーズン以外のさまざまな対象に広げていけばよいだけなので、後はさほど大変ではありません。

◉ 自分を大切にする第一歩

　マインドフルネスの構えができるようになるまでの回数や期間はまちまちです。マミコさんは半年ほどかけて（すなわち20セッションほどかけて）、レーズン・エクササイズを通じてマインドフルネスの構えを体得し、「レーズンを持って見て食べる」という小さな体験をじっくりと味わえるようになりました。

　実は「自分の小さな体験をじっくりと味わう」というのは、「自分を大切にする」ことの第一歩です。真の意味で自分を大切にすることのできる人は、本気で自殺を考えたりしませんし、自傷行為を

したりもしません。マミコさんもこの頃には、応急処置が必要なほどの強烈な「死にたい気持ち」や「自傷したい衝動」はほとんど出てこなくなっていました。

◉ 今後の方向についてマミコさんと一緒に話し合う

レーズン・エクササイズによってマインドフルネスとは何かということをマミコさんが大方実感できるようになった時点で、その後の進め方についてマミコさんと相談しました。具体的には以下の選択肢について話し合いました。

(1) レーズン・エクササイズやそれに準ずるエクササイズを生活のなかで実施し、マインドフルネスを日々の習慣にしていく。
(2) せっかくの機会なので他のマインドフルネスのワークにも取り組んでみる。
(3) 日常生活におけるさまざまな体験に対する「CBTの基本モデルに沿ったセルフモニタリングとマインドフルネス」のワークを開始する。
(4) 主訴「気分の波が激しすぎる」に対するセルフモニタリングに再び挑戦する。もちろんモニタリングされた体験はマインドフルに受け止める。

話し合いの結果、次のように進めていくことが合意されました。

> **この時点での方針（マインドフルネス）**
>
> 1 レーズン・エクササイズの応用編として、日々の生活のなかで物を食べたり飲んだりするときにマインドフルネスのワークをしてみる。
> 2 あと2つか3つほど「体験系」のワークに取り組んでみる。
> 3 「思考／感情系」のマインドフルネスのワークとして、まずは感情に焦点を当てたマインドフルネスのワークをしてみる。
> 4 さらに思考に焦点を当てたワークにも取り組んでみる。
> 5 上記1から4を通じて、マインドフルネスがしっかり身についたら、主訴「気分の波が激しすぎる」に対するセルフモニタリングとマインドフルネスに再挑戦する。

食べ物や飲み物を使ったさまざまなワーク

　最終的には十分マインドフルにレーズン・エクササイズができるようになったマミコさんは、他の食べ物や飲み物を使って日常生活でマインドフルネスの練習を続けることを望みました。具体的には次のような課題を設定し、日々の生活のなかで取り組んでもらいました。

◉ 各食事のひと口目をマインドフルに食べる

　食事全体をレーズン・エクササイズのようにマインドフルに食べたら、1食終えるのに何時間もかかってしまいます。そこでどの食

事であれ、そのひと口目だけ、レーズンと同様に、じっくりと目で見て、匂いを嗅いで、重みを感じて、口に入れて舌であれこれ触り、味を感じ、歯ごたえを感じ、喉ごしを感じ、余韻を感じる……というようにマインドフルに食べてもらいました。

あまりにもお腹が空いていて、「ひと口目をマインドフルに」という課題をすっかり忘れてガツガツと食べ始めてしまった場合は（ときどきそういうことがありました）、「最後のひと口をマインドフルに」という課題に切り替えることにしました。

◉ コーヒーをマインドフルに飲む

マミコさんはコーヒーが好きで、よく自分で淹れて飲んだり、カフェで飲んだりしていました。もちろんこれまでのコーヒーの香りや味を楽しんでいましたが、マインドフルネスの構えをしっかりと意識してコーヒーを淹れたり飲んだりすることを日課にしたところ、これまでよりさらにコーヒーを味わったり楽しんだりできるようになりました。

◉ お酒は極力マインドフルに飲む

コーヒーに対するマインドフルネスをするなら、お酒に対してもできそう、とマミコさんが自分で気づき、飲酒時はできるだけマインドフルネスを意識することにしました。ときおりそれを忘れてしまったり、ひどく酔っぱらうほど飲みすぎてしまう場合もありましたが（ただしこの頃は、飲みすぎる場合も、ほぼ「確信犯」的になっていましたが）、おおむねマインドフルにお酒を飲むということができるようになり、酒量がさらにコントロールされました。

◉ 嫌いな食べ物をあえてマインドフルに食べてみる

マミコさんがレーズン・エクササイズにかなり慣れてきた頃から、

私は彼女に対し「マインドフルネスは最終的には好きな対象だけでなく、そうでない対象（嫌いな対象や、好きでも嫌いでもない対象）にも使えるようになることが重要だ」と繰り返し伝えるようにしました。「嫌いなものにマインドフルになるなんて嫌だ」と最初マミコさんは抵抗しましたが、私はこう言いました。

「そもそも"好き"とか"嫌い"とかいうのも、マインドフルネスでいうところの"評価しない""判断しない"という原則に反する」

「好きなものだけにマインドフルになって、嫌いなものにはそうしない、というのは実は虫がよすぎる。マインドフルネスの究極の目標は、好き嫌いの判断を超えて、すべての体験を受け止め、味わい、手放すことなんだから」

　このように伝えると、そのたびに「あ、そうかあ」「確かにそうかも」と、嫌いなものにもマインドフルネスを実践する必要があることが、理屈としては受け入れられるようになってきました。

その際、私が紹介したのは、私自身が経験した「嫌悪刺激に対するマインドフルネスのトレーニング」の例です。これは私たちの機関（洗足ストレスコーピング・サポートオフィス）の内部研修会で実施したトレーニングで、タイトルのとおり、多くの人が嫌悪感を抱くであろう刺激にあえて触れてみて、マインドフルになってみよう、という企画でした。
　このとき嫌悪刺激として選ばれたのは、次の4つでした。

①くさやのにおい（「くさや」とは知る人ぞ知る魚の干物。くさい食べ物の代表格で、そのにおいはしばしば「排泄物」と評される）。
②発泡スチロールを爪でギーッとひっかく音。
③強烈に酸っぱい黒酢を飲む。
④ゴカイを触ったりちぎったりする、また自らの指をゴカイに噛ませる（ゴカイとは、魚釣りをするとき餌に使う小さな生き物で、小さなミミズのような形状。ちぎると嫌な色の液体が出てくる。牙を持っており噛まれるとチクッとする）。

　この体験は強烈でした。特にくさやのにおいを嗅ぐワークとゴカイを触るワークは、今でもリアルな実感として身体に残っています。くさやのにおいは強烈で、嗅いだ瞬間に自分の感覚を閉じたくなるのです。というか、あまりものにおいに、一瞬、ほとんど無意識に閉じてしまいます。
　その感覚にリアルタイムで気づき、「今、私、くさやのにおいに対して閉じたくなっちゃったな」「というか、一瞬、閉じっちゃたな」と気づき、そこで思い切って、くさやのにおいに対して自分を開いてみるのです。鼻を近づけて、スーッとにおいを鼻腔に吸い上げてみるのです。あたかもアロマの香りを嗅ぐように。
　最初は、「うわー、くさい！」「く、くさすぎる！」という自動思

考が駆けめぐります。実際に鼻から入ってくるにおいは「強烈にくさい」としか言いようがありませんし、気分的にも「不快感」「嫌悪感」でいっぱいになります。しかし閉じずに嗅ぎ続けるのです。それをしばらく続けているうちに、あら不思議、普通に、それこそあたかもアロマの香りを味わうかのように、くさやのにおいをマインドフルに嗅げるようになるのです。

これは私1人の体験ではありません。この研修会に参加した10名ほどのスタッフも皆同様に、くさやのにおいをマインドフルに嗅げるようになりました。

「なんか、不思議だね。最初はあんなに臭かったくさやが、最後には何だかいい香りに感じられてきた」

「一瞬閉じたけれども、閉じたことに気づいた後、えい！と感覚を開いてにおいを自分のなかに呼び込んでみたら、不思議とスーッと入ってきて、しかも嫌じゃなかった」

そんな感想を、皆、口々に述べていました。

ゴカイについても同様です。スタッフの1人がこの研修会のために大量のゴカイを釣具店で仕入れてきてくれ、テーブルに新聞を敷いて、その上にドサッと置きました。ゴカイと似ているミミズが苦手なスタッフからは悲鳴が上がります。

私はそこまでミミズ恐怖ではないのですが、やはりぬめぬめと動き回るゴカイを手に取って、つまんだり、ちぎったりすることには、最初は抵抗がありました。ましてや自分の指をゴカイの口元に持っていって嚙ませるというのは、最初、嫌だったというよりかなり怖かったです。でもそこでえい！とやってみると、あら不思議、だんだん面白くなってきたのです。

これも私だけでなく、皆、同じでした。この研修を通じて、私自身、ふだん自分が嫌だな、と感じる刺激に対しても、自分がやろう

と思えば十分にマインドフルになれることがよくわかりました。

　私は頭痛持ちで、ちょっとしたきっかけで頭痛がします。誰にとっても「痛み」は歓迎したい感覚ではありませんよね。できればなくなってほしい感覚です。

　私も頭痛は嫌なので、少しでも頭痛がするとすぐに市販の薬を飲む、ということをやっていました。しかしマインドフルネスについて学ぶようになり、「あれ？頭痛に対しても使えるのでは？」と思い始め、さらに、上で紹介した、嫌悪刺激に対するマインドフルネスの体験をしたことで、「頭痛に対してもマインドフルになってみよう」と心に決めました。そして驚くことに、その後ほとんど市販薬を飲むことがなくなったのです。

　確かに頭痛はウエルカム！と歓迎したくなるようなものではありませんが、これも１つの体験です。「頭痛は嫌な体験だから、薬を飲んで早くなくさなくては」というのは、この体験に対して実にマインドレス（マインドレス＝マインドフルの対義語）です。

　頭痛がしてきたら、「あ、頭痛がしてきた。せっかくだから、これにマインドフルになってみよう。どんな痛みかな。痛みの大きさはどうかな。頭のどの辺りがどんなふうに痛いのかな。この痛みはどれぐらい続くかな」というように、頭痛に対してあえてウエルカム！と臨んだのです。そうすると、ほとんどの頭痛は一過性で、数十分から数時間たつと自然に消えてなくなるのでした。

◉「不快な体験」でもマインドフルになれるかも

　……話が脇道に逸れすぎました。とにかく、このような、「嫌悪刺激」に対する私自身の体験をマミコさんに伝えたところ、マミコさんは非常に関心を持って聞いてくれ、「だったら私も嫌いな食べ物に対して、マインドフルネスのワークをやってみようかな」と言ってくれました。

そして「紅ショウガが苦手だったけど、マインドフルに食べてみたら、意外とイケた」とか、「鶏肉の皮のところが大嫌いだったんだけど、マインドフルネスのワークだと思って思い切って食べてみた。あまりにも気持ち悪くて、その気持ち悪さが面白かった」「らっきょうのにおいが普通に嗅げるようになってきた」などと、頻繁に報告をしてくれるようになりました。
　この「嫌いな食べ物に対するマインドフルネス」のワークは、後に、「気分の波」というマミコさんにとっては不快な体験に対するセルフモニタリングとマインドフルネスのワークの強力な布石となりました。

◉ もっとたくさんやってみたい！

　マミコさんはこのように、体験系のワーク、すなわちレーズン・エクササイズや、食べ物や飲み物を使ったワークを通じて、かなり実感を伴ってマインドフルネスを実践し、理解できるようになりました。最初レーズン・エクササイズを嫌がっていたマミコさんでしたが、最終的には、マインドフルネスを大いに気に入り、「もっと多くのワークを体験したい」と言うようになりました（興味深いことに、こういう人は非常に多いです）。
　ただ、私たちは「気分の波が激しすぎる」という彼女の主訴に取り組むべく、認知行動療法を進めていかなければいけません。したがってマミコさんのリクエストに応えて、あと2つだけ体験系のマインドフルネスのワークを行い、その後、「気分の波」に対する取り組みに戻ることにしました。その2つのワークについて簡単に紹介します。

その他の「体験系」ワーク

◉ 「触る／抱きしめる」ワーク

　これは何かに触れたときの手の感触や、何かを抱きしめたときの腕や手の感触に対するマインドフルネスのワークです。

　マミコさんは、もこもこのタオルハンカチに触れると気持ちが落ち着くことを「発見」し、そのようなタオルハンカチを常に持ち歩き、触ったときの指や手のひらの感覚にマインドフルになることを意識して行うようになりました。さらに自宅にいるときは、お気に入りの枕やクッションを抱きしめると、実は気持ちが落ち着いていたことを「発見」し、さらにマインドフルにそれらを抱きしめて、その「抱き心地」を味わうようになりました。

◉ お風呂のワーク

　お風呂にお湯が溜まったときの湯気や熱気、入浴剤の香り、服を脱ぐときの皮膚の感覚、お湯につま先を入れたときの「熱い！」という感じ、湯船にざぶんと身体を浸したときの感覚、浸したときにフーッと息を吐くときの感じ、湯船でだんだん身体が温まっていくときの感覚、シャワーで身体を洗うときのボディソープの香り、泡立ったボディソープの感覚、ボディソープの泡をシャワーで洗い流すときの感覚、シャンプーを手に取ったときの感覚やシャンプーの香り、髪の毛を洗うときの手や頭皮の感覚、お風呂から出たときのひんやりとした感覚、バスタオルの手触り、バスタオルで身体を拭くときの感覚……などなど、「お風呂に入る」という行動にはさまざまな体験が含まれており、格好のマインドフルネスの対象になります。

以前は「ただ義務的に入っていた」「面倒だとシャワーで済ませていた」というお風呂ですが、お風呂のワークを始めてからマミコさんは、入浴をじっくりと楽しめるようになりました。

体験系ワークの成果

◉「あたたかい感じ」がわかってきた

　以上がマミコさんが取り組んだ「体験系」のマインドフルネスのワークです。
　レーズン・エクササイズを「めんどくさい」「馬鹿馬鹿しい」と駄々をこねながら取り組み始めてから約半年がたちました。レーズンや飲食物に対するさまざまなマインドフルネスのワーク、そして「触る／抱きしめるワーク」やお風呂のワークにトライするなかで、マミコさんは次第にどのワークのなかでもマインドフルな状態のまま留まれるようになってきました。
　日常生活のなかでも楽しんでワークができるようになってきました。すると日常生活が少しだけ変化してきました。
　1つは過食嘔吐や過度の飲酒の大幅な減少です。食べ物や飲み物は、「ガーッと身体に入れて吐く」ものではなく、「マインドフルに味わう」対象に変化したのです。
　さらに、「触る／抱きしめるワーク」やお風呂のワークで、身体が緩んだり温まったりすることで、なんとなく「心があたたかい」感じが持てるようになった気がする、とマミコさんは報告してくれました。それはこれまでに感じたことのない「あたたかさ」であるとのことです。「心が何かに触れて、じんわりとあたたかくなってくる感じ」がするというのです。そういう感じがすると、自然と涙が出てくることもあるそうです。

◉「思考／感情系」のワークへ

　前にも書いたように、マミコさんには「感情を遮断するモード」があり、そのせいで、自らの感情に触れることがなかなかできないでいました。だからこそマインドフルネスのワークが導入されたのです。そしてここに来て、マミコさんは自分の心や感情に少しだけ触れてみることができるようになったように思われます。

　この時点で私は、マミコさんが自らの内的な体験（認知や気分・感情）を遮断せずに触れていくための準備ができたと判断しました。そこで「思考／感情系」ワークを導入し、思考や感情のセルフモニタリングとマインドフルネスを高めていくことにしました。マミコさんもそれに同意してくれました。

　思考／感情系のマインドフルネスのワークが進めば、「気分の波が激しすぎる」というマミコさんの主訴に対する観察や理解も進むことでしょう。

4-3 「思考／感情系」のワークの実践

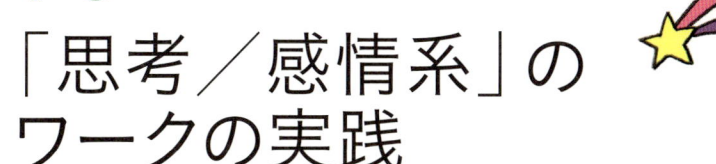

◉ 自動思考は言語化できるが、感情はモニターできない

　一度、「気分の波が激しすぎる」という主訴に対するセルフモニタリングを試みたときに明らかになったのは、マミコさんは自分自身の気分や感情をモニターすることがひどく苦手だ、ということでした。「感情を遮断するモード」があるから、それは当然といえば当然のことです。認知行動療法の基本モデルで言うと、認知、特に自動思考については、気分・感情よりははるかにモニターができていました。

　たとえばインテーク面接の最後に感想を聞いたときにも、「どうせやっても無駄とわかっているけど、他にないので仕方なくCBTを受けるだけなんです」と述べていましたが、これはそのときの彼女の本心そのものでしょう。その時々に頭に浮かぶ本心がまさに「自動思考」です。

　またCBTを開始した当初から、マミコさんは、「治療を受けたいけれども受けたくない」「セラピストを信じたいけれども信じられない」と、治療や私に対する葛藤についても語ってくれました。これもまさに彼女の自動思考です。このように、出てきた自動思考をつかまえて言語化し、人に伝える、ということをある程度はできているのです。

　そういうわけで、「思考／感情系」のマインドフルネスとしては、

気分や感情をつかまえられるようになることを目的としたワークに挑戦することにしました。それが次の「小さな感情に名前をつけるワーク」です。

小さな感情に名前をつけるワーク

◉ 感情を見ないでしのいできた

　マミコさんは気分・感情をリアルに感じることを恐れていました（最初は「恐れている」という自覚がありませんでしたが）。
「気分や感情は自分を圧倒するものだ」
「気分や感情に圧倒されたら自分はめちゃくちゃになってしまうだろう」
「気分や感情に圧倒されたら私はパニックになって二度と冷静な自分に戻れなくなってしまうだろう」
「そもそも気分や感情は恐ろしいものだ」
　そういった思いがあったからです（これは第2章で紹介した「感情抑制スキーマ」に該当するスキーマです）。だからこそ気分・感情を見ないようにしたり抑え込んだりして、これまでしのいできたのでした。
　しかし、たとえ見ないようにしたとしても、無理に抑え込もうとしたとしても、それらの気分や感情が本当に消えてなくなってしまうことはありません。結局それらは溜まっていくのです。そして溜まりに溜まり、爆発するのです。人によっては感情の爆発ではなく、「身体化」といって身体に出る人もいます。
　マミコさんの場合は、溜まりに溜まった気分・感情がときおり爆発するのでしょう。それを「気分の波が激しすぎる」と表現しているのだと思われます。

◉ 子どもが「巨人化」する前に

　したがってここで重要なのは、溜め込んだ感情をモニターし、それにマインドフルになることではなく（これはかなり難しい）、溜める前の、小さな感情を1つひとつ小さくモニターし、それを1つひとつマインドフルに受け止められるようになることです。大きくしちゃってからだと大変なので、小さいうちにそれに気づき、受け入れ、味わい、手放しましょう、ということです。

　そのためのワークが、以下に紹介する「小さな感情に名前をつけるワーク」です。

　私たちは小さな感情を「小さな子ども」に見立てました。これまでは感情という「小さな子ども」が出てきても、それを「いないこと」にして引っ込めてしまい、そのうち「小さな子ども」が何人も、何百人も集まることで「大きな感情の巨人」と化し、マミコさんのなかで暴れてしまうのではないか──。

　私たちはそんなイメージをしました。そして、子どもが集まり巨人と化す前に、できれば1人ひとりの小さな子どもとして自らの感情に気づき、受け止められるようになればいいのではないか、と考えました。

◉ いろんな子どもが、やってきた

　マミコさんにはまず、体験系のマインドフルネスのワークをする際に、「胸のあたりに漂う気持ち」「お腹のあたりにある思い」に目を向けてもらい、何かがちょろっと出てきたら、「あ、小さな子どもが出てきた」「どんな子どもかな？」とすかさず注目してもらうようにしました。

　たとえば食べ物や飲み物を使ってマインドフルネスのワークをするときに、同時にそうしてもらうのです。すると「美味しそうなサンドイッチに目を輝かせている子」「アイスを食べて喜んでいる子」「元気よくお水をごくごく飲む子ども」なんかが出てきました。

　お風呂のワークをしているときには、「気持ちよさを感じている子」「ホッとしてくつろいでいる子」「ホッとするあまりなぜか涙が出ちゃう子」が出てきました。

　枕やクッションを抱きしめるワークをしているときも同様に、「安心している子」や「安心のあまりなぜか涙が出ちゃう子」が出てきました。

　このようにマインドフルネスを体験中にさまざまな「小さな子ども」を見つけられるようになったマミコさんは、次は、日常生活のなかで登場するさまざまな「小さな子ども」を見つけることにチャレンジすることにしました。

　そうすると、「喜んでいる子」「くつろいでいる子」「退屈している子」「ぐずっている子」「面白がっている子」「微笑んでいる子」「おすましている子」「いたずらする子」……といったさまざまな「小さな子ども」を見つけられるようになりました。

　「いろんな子どもが出てきて面白い。子どもが出てくることで、『あ、今、私、少し喜んでいるんだ』『眠くてちょっとぐずりたい気持ちがあるんだな』と気づけるようになってきた」とのことでした。

◉ ネガティブな子どもにも近づいてみよう

　ただしこれらの子どもが表しているのは、ポジティブな気分・感情（例：喜び、くつろぎ）や、若干ネガティブかもしれませんがニュートラルに近い気分・感情（例：退屈、ぐずり）です。

　マミコさんは「ネガティブな体験をしている子ども」「つらい思いをしている子ども」にはなかなか近づけませんでした。そういう子どもの気配を感じると、「いやー！」「怖い！」と目を背けたくなり（それもまた「いやー！と言っている子」「怖がっている子」でもあるのですが）、子どもを追いやってしまうのです（前にマミコさんが言っていた「スイッチが切れる」とは、まさにネガティブな体験をしている「小さな子ども」を追いやることを指していたのでしょう）。

　ポジティブな子どもやニュートラルな子どもに出会えるようになった今、少しだけ勇気を出してネガティブな子どもに出会うことが必要だと判断した私は、次のように伝えてマミコさんを励ましました。

「マインドフルネスの考え方からすると、『ポジティブはOK』『ネガティブはNG』という判断や評価自体がよろしくないよね。今のマミコさんは、好きな食べ物も嫌いな食べ物も両方、マインドフルに食べられるようになったよね。気分・感情もそれと一緒。その子がどんな体験をしていようが近づいてみよう。大丈夫だから」

「ネガティブな体験をしている『小さな子ども』ではなく、それが何百人も集まって『巨人』になってしまったら、確かにそれは恐ろしい存在で、マミコさんが怖がるのもわかる。でも、私たちが出会おうとしているのはほんのちっちゃな子ども。街中で泣いたり怒ったりしている子どもがときどきいると思うけど、怖い？　怖くない

でしょ？『あ、子どもが泣いているな』『あ、子どもがかんしゃく起こしているな』と思うだけでしょ？　それと一緒。小さな子どもだから大丈夫。小さな子どもはマミコさんに悪さをしない。安心して、ありとあらゆる小さな子どもと出会ってごらん」

◉「どんな子かな？」と観察できるようになってきた

　マミコさんは少しずつ覚悟を固めていきました。
　そしてマミコさんは次第に、ネガティブな体験をしている「小さな子ども」が出てきたときに、背を向けず、追いやろうともせず、「あれ、どんな子かな？」とその存在を認め、観察できるようになっていきました。すると、実にいろんな子どもが出てくることがわかりました。
　「怒っている子」「泣きたい子」「泣いている子」「怖がっている子」「怯えている子」「悲しんでいる子」「不安な子」「さみしい子」「いじけている子」「恐怖で震えている子」「絶望している子」などなど。
　そして、「ああ、怒っているんだね」「ああ、今、泣きたくなっているんだね」「ああ、今、心がさみしいんだね」「ああ、今、気持ちがいじけちゃっているんだね」などと、その時々に登場する子どもの気分・感情をそのまま受け止められるようになっていきました。また少しずつ、子どもたちのさまざまな気分・感情を、マミコさん自身がそのまま感じ、味わえるようになってきました。
　ここに来てマミコさんは、「スイッチが切れる」ことなく、自分のなかに生じるあらゆる気分や感情に気づき、受け入れ、味わうことができるようになりました。ネガティブな感情であってもそれを怖がることなく「まさに自分自身が今体験していること」としてしっかりと受け止められるようになりました。

● 実は人を怖がっている……

以前「感情を遮断するモード」について話し合ったとき、マミコさんはこんなことを話していました。

◎感情を遮断してきた、というのは本当にそのとおり。感情なんかまともに感じたら、生きてこられなかったと思う。
◎でもそれだと自分が「本当に生きてはいない」ということもどこかでわかっている。感情を抑え込んだり切り離したりしていると、とてもむなしい感じがするから。自分が空っぽな感じがするから。

これについて「今はどう？」と尋ねると、「感情が怖いものではなくなった。嫌な感情でも、ちゃんと感じることができるし、そのほうが"生きている"という気がする」と答えてくれました。

特にマミコさんが気づいたのは、「自分は人に対して怯えている、怖がっている」ということでした。通勤時や買い物時、そしてカフェで過ごしているときなど、見知らぬ第三者がまわりにいると、ちょっとしたきっかけに対して「何かされるんじゃないか」「怒られるんじゃないか」という自動思考と共に、心と身体がビクッとすることに気づいたのだそうです。

この他者に対する怯えや恐怖はこれまで「まったく気づいていなかった」感情とのことで、CBT開始当初に問題となった「いきなり他者にキレる」「いきなり他者を罵る」という行動は、その怯えや恐怖にやられないための"防御"だったのではないか、とマミコさんは述べました。「弱い犬ほどよく吠える、というあれです」とマミコさんは笑っていました。

他者に対する攻撃的な言動については、先述のとおり、アロマペンダントを使った応急処置でしのいでいましたが、「実は自分は人

が怖い」「実は自分は人に怯えている」という"本当の感情"に気づいてからは、「あー、今『ビクビクしている子』が出てきたなあ」「あー、今出てきたのは『怖がっている子』だなあ」というように、それらの気持ちをモニターし、マインドフルに受け止められるようになりました。

◉ 看護師モードは簡単には手放せない

このようにマミコさんは、自らの反応をその場でモニターし、マインドフルに受け止めることができるようになったのですが、実は重大な「例外」がありました。職場と異性です。職場について以前マミコさんは、こんなことを言っていました。

「今でも感情を抑え、人に心を閉ざしているからなんとか仕事を続けられている、というのも本当のことだと思う」

実はマミコさんは職場では、マインドフルネスを身につけた現時点でも、以前のマミコさんと同様に「看護師モード」で、心を閉ざし続けていました。マミコさんは次のようなことを話してくれました。

◎自分にとって看護師という仕事はあらゆる意味でとても重要。あまりにもつらかった10代、20代になんとか終止符を打ち、今、曲がりなりにもまともに生活できているのは、看護師の資格を取り、今の病院に就職できたから。
◎病院に行くと、自動的に「看護師モード」のスイッチが入る。感情を遮断し、人にも心を閉ざす。これは看護学校の実習のときからそうだった。そうじゃないと実習は乗り切れなかった。実習のときは、「感情を遮断するモード」でなんとか乗り切り、家に帰

るとリストカットしていたような記憶がある。
- ◎本当は病院にはさまざまな刺激があることは知っている。嵐のように忙しい業務。さまざまな患者さん。患者さんの家族。上司や先輩や同僚との人間関係。医師や他のコメディカルとの人間関係。事務スタッフとの人間関係。だからこそこれらの刺激に自分の心を開いてしまったら、自分の頭と心には、嵐のようにさまざまな自動思考や気分・感情が生じるだろう。それが怖い。
- ◎確かに仕事以外の1人の時間では、自動思考や気分・感情に自分を開き、マインドフルになることができているが、それは「1人の時間」だからこそ。私はこの仕事を絶対に失いたくない。だからこそ今、職場で「看護師モード」を手放すことはできないし、したくない。

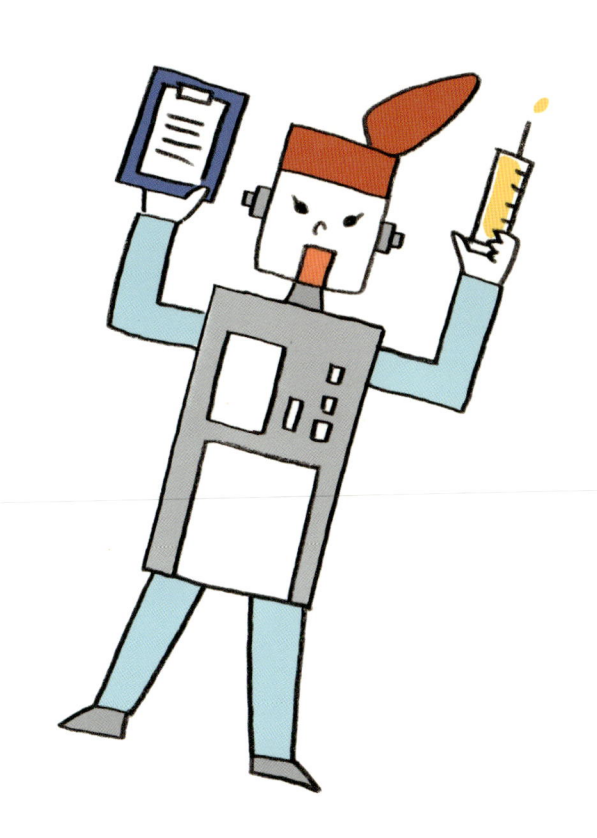

◎でも、この「看護師モード」が実は「看護師ロボット」だということは、ここでCBTを受けるなかでだんだんわかってきた。たぶん職場の人も患者さんも私のことを「仕事はテキパキとこなすが、心がこもっていない人」だと思っているのだと思う。自分のことを全然話さないし。人づきあいもほとんどしないし。うわべだけで仕事をし、うわべだけで人と接している。でも今はロボットであることはやめられない。ロボットだからこそ仕事を続けていられるのだから。

　マミコさんが「看護師モード＝感情を遮断するモードを手放すのが嫌だ」と言っているのを、私が無理矢理どうにかすることはできません。職場では「看護師モード＝感情を遮断するモード」でいることを自覚しながら、ひとまずはそのモードでいよう、ということになりました。
　ただし同時に私がマミコさんに伝えたのは（171ページからの「4-4」でも示しますが）、職場の人や患者さん全員でなくていいから、あなたに親切にしてくれる人、あなたを気にかけてくれる人を1人でも2人でも見つけ、その人との関わりのなかでは、ありのままの自動思考や気分・感情に気づき、感じ取れるようになろうよ、ということでした。完全な「ロボット」であり続けるのではなく、「この人ならロボットでなくても大丈夫かも」「この人といるときは、少し自分らしくいてみよう」と思えそうな人を見つけてみよう、と励まし続けたのです。
　これにはかなり時間がかかりましたが、マミコさんは職場でそういう人を少しずつ「発見」するようになり、その人たちと一緒のときには、「感情を遮断するモード」を少しだけ手放し、その時々の自動思考や気分・感情に触れられるようになっていきました。

◉ 異性に対しても感情遮断モード

　もう1つの例外、「異性」については、インテーク面接時にマミコさんが20代に一度結婚し、離婚しているということと、現在（インテーク面接時）は独身で、特定のパートナーはいないということを聞いただけで（恋人と別れたばかりだということは聞いていました）、あとは特に話題にも上がっていませんでした。
「感情を遮断するモード」を職場では手放せないといった話になったとき、「そういえば、あまり話題になりませんが、異性関係はどうですか？」と水を向けたところ、マミコさんはハッとしたような顔をして、次のように話してくれました。

「異性についてはめちゃくちゃな時期があった。今は思い出したくないし、先生にも知られたくない。今は仕事をして生活していくだけで精一杯。男とつきあうと、最初はいいけど、だんだんめちゃくちゃになっていくので、今は男性とは関わらないようにしている。前みたいなつきあい方をしたら、絶対に仕事が続かなくなるのは目に見えている。仕事どころかここにも来られなくなると思う。だから今はとにかく男性とつきあいたくない。これこそまさに、『男に心を閉ざすモード』かもしれない」

　マミコさんは10代、20代とずっと苦労してきて、ようやく手に入れた看護師という仕事と、看護師をしながらの生活が、よほど大切なのでしょう。だからこそ仕事と異性関係では「感情を遮断するモード」を維持したいと訴えているのです。
　生活全般が「感情を遮断するモード」で覆われているのと（しかも無自覚に）、生活のなかで「感情を遮断するモード」を手放し、生き生きと感情を感じられることができるなかで、職場と異性関係に

限定して自覚的に「感情を遮断するモード」を使うというのは、大違いです。もちろん前者がこれまでのマミコさん、後者が現在のマミコさんです。

そのことを共有したうえで、私は「いつか職場や異性との間でも、感情を遮断するモードを使わずに済む日が来るといいよね」とマミコさんに声をかけました。

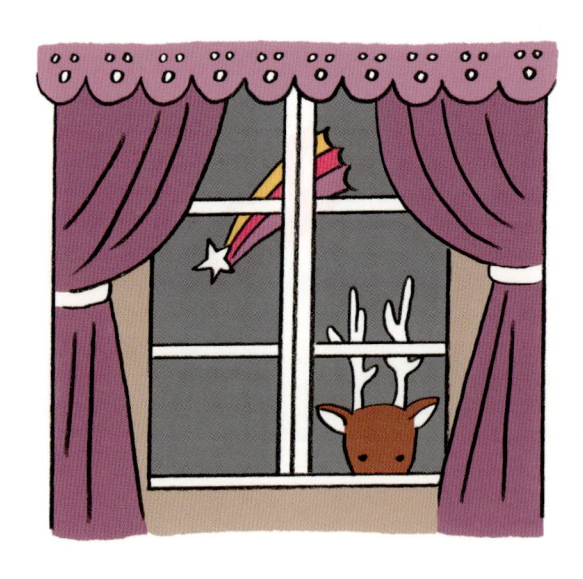

CBTの基本モデルに沿った
セルフモニタリング＆
マインドフルネスのワーク

● CBTの基本モデルに再度挑戦

　ここまでマミコさんは、レーズン・エクササイズなどの「体験系」のマインドフルネスのワークを行い、さらに「思考／感情系」のワークとして、気分・感情を小さな子どもとみなして受け止めるエクササイズを行ってきました。

　気分や感情を恐れることなく、そしてそれがあまり大きな「巨人」になる前にモニターし、受け止められるようになったことで、マミコさんの「気分の波が激しすぎる」という主訴は、ある程度解消されていました。気分に点数をつける作業は継続して行っていましたが、この頃には大幅なマイナス点がつくことはかなり少なくなっていました（とはいえ、もともとの尺度は0〜100点で、マイナス点の設定はありませんでしたが）。

　そこでCBTにおけるセルフモニタリングとマインドフルネスの練習の仕上げとして、CBTの基本モデルに沿って自らの体験を自己観察し、それを受け止める作業に再度挑戦してみることにしました。これはマミコさんが一度挫折した作業です。気分や感情を恐れるあまり、「感情を遮断するモード」が働いて、モニターすることができなかったのでした。しかし今ならできるはずです。

　そこで、「気分の波」を感じたら、すかさずそのときの場面、自動思考、気分・感情、身体反応、行動をモニターし、マインドフルに受け止めつつ、その場で書き出す（外在化する）という作業をマミコさんにやってきてもらうことにしました。以下に挙げるのは、マ

ミコさんが書き出したメモの一部です。

[場面] 通勤の電車のなかで、後ろに立っている女性のバッグが自分の身体をぐいぐい押してきた。
自動思考▶痛い！ やめて！ この人、私に何をしようというの？ 怖い！
気分・感情▶怯え。怖い。ビクビク。［気分の点数：20点］
身体反応▶ドキドキする。身体が固まる感じ。
行動▶自分のバッグをぎゅっと抱きしめ、じっとしている。

[場面] カフェで対面に座っている初老の女性と目が合った。
自動思考▶にらまれた。怖い。私、何も悪いことしていないのに。助けて！
気分・感情▶怯え。怖い。ビクビク。［気分の点数：15点］
身体反応▶手足がチリチリする。身体が固まって身動きが取れない感じ。
行動▶すばやく視線を外す。本を読むが集中できない。

[場面] 道を歩いていて、ベビーカーを押す夫婦とすれ違った。
自動思考▶幸せそうだな。まぶしいな。私とは全然違うな。
気分・感情▶うらやましい。さみしい。［気分の点数：40点］
身体反応▶胸がチクッと痛む。
行動▶そのまますれ違う。

[場面] 夜、自宅にいて、昼間にベビーカーを押す夫婦とすれ違ったことを思い出した。
自動思考▶幸せそうだったな。なんで何もかも手に入れる人とそうでない人がいるんだろう。あの人たちに比べて、私には何もない。

ホントになーんにもない。不公平だ。あいつらに私の苦しみを味わわせてやりたい。1人ぼっちで、何にもなくて、絶望している私の気持ちを！ でも絶対に私の気持ちなんかわかりゃしないんだ。幸せな奴が憎らしい。のほほんと生きている奴が憎たらしくてたまらない！ なんで私ばっかり苦労しなければいけないんだ！ 何で私ばっかり！ ずるいずるいずるいずるいずるい……。

気分・感情▶絶望感。憎しみ。悲しみ。［気分の点数：−30点］

身体反応▶全身が硬直する感じ。喉がグーッと詰まる感じ。頭に血が上る感じ。

行動▶叫び出したいのを我慢して「ウーッ」「グーッ」とうなり声を上げる。そばにあるクッションを壁に投げた。少しだけ内腿を切ったら気が済んだので、傷の手当てをした。

［場面］自宅で、テレビを観ていたときに、職場で上司（主任）に注意されたときのことを、ふと思い出す。

自動思考▶主任、きつい言い方だったなあ。そういえば前にも同じことで注意されたなあ。主任もあきれているんだろうなあ。私、ナースとしてダメなんだろうか。きっとダメなんだろうなあ。ダメな人生をなんとかしようと思ってナースになったけど、まわりより年食ってるし、頭も悪いし、手先も不器用だし、必死になって仕事しててもこの有り様。結局自分はダメなんだ。ダメな自分は何をやってもダメなんだ。このままダメな自分のままどうやって生きていったらいいんだろう。生きていくの嫌だなあ。消えてなくなりたいなあ。今大きな地震が来て、マンションが崩れて、そのまま死んでしまえたらいいのに。眠ったら、心臓発作か何かで死んで、そのまま目が覚めなきゃいいのに。しんどいなあ。つらいなあ。苦しいなあ。死にたいなあ。

気分・感情▶落ち込み。つらい。きつい。ダメダメ感。消えたい感。

死にたい感。［気分の点数：−30点］

身体反応▶全身がだるくて重い。起き上がれない感じ。涙が止まらない。

行動▶テレビをつけたまま、ソファに寝そべりながら、しばらく泣き続ける。そして、「生きたい君」と「死にたい君」の綱引きの絵と「危機脱出カード」を見て、なんとかこの状態から抜け出す。早めに寝てしまった。

［場面］自宅で洗濯物を干しているときに、前日、患者さんに質問されて、うまく答えられなかったときのことを、ふと思い出す。

自動思考▶ああ、私、ダメだったなあ。ああいうとっさのときに、ちゃんと返せないと。患者さん、私のことダメナースだと思っただろうな。申し訳なかったな。恥ずかしいな。私、やっぱりナースに向いていないのかなあ。「看護師ロボット」面（づら）して必死にやってても、結局これだ。もうあの患者さんには会いたくないな。会ったらかえって逆ギレしちゃいそう。あの人、私が返せないとわかってて、あんな質問をしてきたんじゃないのか。それで私がダメナースだということを私に思い知らせようとしたんじゃないか。私ははめられたのか。ちくしょう。だから誰も信用できないんだよ。患者だって結局私をおとしめようとする。人は本当に恐ろしい。だあれもいないところで1人で暮らしたい。仕事なんか辞めたい。人なんか嫌い！ 嫌い嫌い嫌い嫌い嫌い嫌い！ 大っ嫌い！

気分・感情▶落ち込み。恥。絶望。怒り。不信。大混乱。［気分の点数：−30点］

身体反応▶胸がギューッと痛くなる。手足がガタガタ震えてくる。叫び出したい感じ。

行動▶洗濯物干しを途中でやめて、冷蔵庫のなかを漁り、ゼリーを

5個食べて、トイレで吐く。気が済んだので洗濯物干しに戻る。

◉ 自宅だとグーッとマイナス方向に

このようにマミコさんがセルフモニタリング＆外在化してきた数々の「気分に波があった体験」を共有し、一緒に検討してみてわかったことがありました。

外出時は、何かあっても「あ、私、今、こんなふうに反応しているんだ」とその場でマインドフルに受け止め、さほど気分が大きく動くことはないのですが（ただそこには「感情を遮断するモード」が若干働いているのかもしれません）、自宅だとちょっとしたきっかけで（だいたいは仕事や外出時のことを思い出す、というきっかけに対し）、自動思考がワーッととめどなく出てしまいます。

そしてそれに伴い、さまざまなネガティブな気分・感情が強く生じ、気分がマイナス方向にグーッと引っ張られるということでした（ただし以前とは異なり、どんなにマイナスの方向に行っても−30点より下に行くことはありませんでした）。

その結果、CBT開始当初に応急処置の対象となった自傷行為や自殺企図、過食嘔吐といった行動につながってしまう、ということも明確にわかってきました。ただしマミコさんは現在、応急処置をしっかりできるようになっているので、さほどひどい破滅的行動にまで至ることはありませんでした。

◉ ぐるぐる思考からどう抜け出すか

　ただマミコさんはたとえそうなっても、そのように激しく反応している自分に気づき、そういう自分を見る「もう1人の自分」を保つことができているため、ワーッと出てくる自動思考やその他の反応をその場で（あるいはその直後に）ノートに書き止め、セッションに持ってくることができていました。

　そこで私たちは、マミコさんのさまざまな反応をセッション中に一緒に検討しました。そして彼女が「感情を遮断するモード」を手放し、セルフモニタリング＆マインドフルネスが上手にできるようになっていることを共有したうえで、自宅での「反すう（ぐるぐる思考）」が、場合によってはかなりひどくなってしまうこと、それが「気分の大きな波」と密接につながっているようだ、という結論に至りました。

　マミコさんいわく、今はセルフモニタリングができるようになっているので、自分が反すう（ぐるぐる思考）に巻き込まれていることはその場でもわかっているのだそうです。わかっているのだけれども、気づくと反すう思考が一瞬のうちに展開し、あっという間にそれに溺れてしまうのだそうです。「あー、私、今、ぐるぐる思考の大波に溺れている」とわかっていながら、大波にのまれて溺れているような感じなのだそうです。

　ただ、しばらく時間がたつと反すう思考は収束し、「さっきのは

何だったんだろう?」という気持ちになるのだそうです。さらにそれらの体験をセッションで私と一緒に共有する時点では、マミコさんは落ち着きを完全に取り戻しており、自分で外在化してきたメモを見ながら、「この自動思考、ひどいですよね! 言っていることがめちゃくちゃすぎる!」とか「自動思考がどんどん極端な方向に展開していくのが、ひどすぎる!」などと言って、自分で笑ってしまうぐらいの余裕がありました。

　マミコさんは、少し時間がたてばこうやって自分の反すう（ぐるぐる思考）に対してマインドフルに受け止められるようになるのだから、「できればその場でもうちょっとなんとかしたい」「その場で自分のぐるぐる思考にここまで巻き込まれないようになりたい」と希望を述べました。
　そこで私は「思考／感情系」のマインドフルネスのワークのなかでもとっておきのワークである「うんこのワーク」を紹介することにしました。これは私が数々のマインドフルネスのワークを、自分自身そして当事者の方々と試すなかで、最も反すう（ぐるぐる思考）に効果があると結論づけるに至ったワークです。まずは以下に「うんこのワーク」についてざっと紹介しますので、それを読んでください。

うんこのワーク＝
反すうに対するマインドフルネス

■うんこのワーク■

【やり方】イメージを使ったマインドフルネスのワークです。自動思考や気分・感情は自分の体験を通じて結果的に出てきた排泄物（うんこ）としてみなします。自動思考がワーッと押し寄せてきたり、気分・感情がグーッと高まってきたらそれに気づき、それを「腸のなかのうんこ」のイメージに転換し、便意として感じてみます。そしてトイレに行き、それらをうんことして排便し、排便したうんこをしばらく観察してから、トイレのレバーを引くか、センサーに手をかざすかします。そうするとトイレがうんこを流し去ってくれるので、あなたはそれをただ見ています。

【具体例】「なんかすごい昔の嫌な記憶が出てきた」……過去に同級生にいじめられたときの記憶がよみがえってくる……「ああ、なんで私なの？ なんで私がいじめられなければならないの？」……さらに記憶がよみがえる……「ああ、怖い！ 怖い！ 今度は何が起きるの？」……恐怖を感じる……「怖い怖い怖い怖い怖い」……「あ、そうだ、こういうときこそ"うんこ"のワークだ」……「記憶も、自分の思いも、怖いという気持ちも、身体のなかのうんことして感じてみよう」……「ああ、うんこがどんどん溜まってくる」……「溜まってくる」……「もうこれ以上は我慢できないな」

……「もうそろそろトイレに行って出してしまおうか」……トイレに行くイメージ……トイレに座って溜りに溜まったうんこを排泄するイメージ……「ああ、すごいのが出た」……（お尻を拭くシーンは省略して）……便器のなかにある自分のうんこを眺める……「うわあ、大きいのが出た、これが溜まっていた私の思いや感情なんだ」……しばらく眺める……「もうそろそろ流そうかな」……トイレのレバーを引くイメージ……ジャジャジャーっと音がして、トイレに水が勢いよく流れて、その水の流れに巻き込まれてうんこが流されていくイメージ……「ああ、流れて行っちゃった、さようなら、私のうんこ」……手を洗ってトイレから出るイメージ（以上）

【解説】普通私たちは便意を感じたら、それを否定することもなく、（よほど切迫した場合を除いて）いきなりそれに巻き込まれることもなく、その便意をありのままに感じながら、しかるべきタイミングでトイレに行って便器のなかに排泄しますね。この態度って実にマインドフルなんです。しかも便器に排泄されたうんこを次に私たちはどうしますか？ 普通観察しますね。うんこを目で観察して、「今日のうんこはこういう感じだな」とそれをそのまま受け止めますね。これも実にマインドフルです。そのうえで、うんこを流すわけですが、これも素手でうんこに触ってどうにかするのではなく、トイレのレバーを引いたり、センサーに手をかざしたりするなどして、あとは水洗トイレが勝手にうんこを流してくれるに任せるだけです。直接的に流すのではなく、トイレが流してくれるのを見ているだけ。こ

れも実にマインドフルです。というわけで、日々の排泄と同じような構えを自動思考や気分・感情に対して向けてみるのは、マインドフルネスの練習として、実に適切だと思います。

その際、トイレに流してもらう前に、きちんと感じ、さらに観察することが重要です。うんこを見て、自分の健康状態を確認するのと同様に、自動思考や気分・感情を見て、自分の心身の状態をいったん確認するのです。このエクササイズ、私自身試してみて、かなり面白く、いろいろな発見があり、とても気に入っています。

● マミコさんに大受け！

マミコさんにもこのように「うんこのワーク」について紹介し、説明したところ、彼女は私のほうがびっくりするぐらい大ウケし、笑いながら「それ、やります！やってみたい！」と言ってくれました。マミコさんいわく「新幹線のトイレのイメージがいいと思う」とのこと（ご存知の方もいると思いますが、新幹線のトイレの流れ方ってパワフルですごいんです。新幹線ではなく飛行機のトイレのイメージでもよいかもしれません）。

日常生活で、特に自宅にいるときに反すう（ぐるぐる思考）がワーッと出てきたら、それに気づき、それを「うんこ」とみなし、トイレに溜めて、新幹線のトイレの「流す」センサーを押して、トイレがパワフルにうんこ（すなわち反すう思考）を流してくれるのを見る、というワークを開始しました。

このワークの効果はてきめんでした。1～2週間練習するだけで、マミコさんは思考がぐるぐるし始めると、「あ、うんこが大量に出

そう！」と即座に気づき、「あ、新幹線、新幹線」と思って、新幹線のトイレに座ってうんこをし、センサーに手をかざしてトイレが大量のうんこを瞬時に流してくれるのを見る、というイメージが容易にできるようになりました。

　そして、ここにきてようやく「気分の波が激しすぎる」という当初のマミコさんの主訴は、1人で過ごしているときに限ってはかなり解消されたことになります（職場と異性関係では気分の波は見られませんが、それは「感情を遮断するモード」を使い、気分・感情を抑え込んでいるからです。これらについては主訴が解消されたとは言えません）。

◉ 1年半経過、いよいよ次の段階か？

　さて、ここに来て私たちは再度、CBT開始時に共有されたマミコさんの主訴を確認してみました。当初の主訴は以下の3点でした。

①気分の波が激しすぎる。
②自分の行動をコントロールできない（主に自傷行為と過食嘔吐とアルコール摂取）。
③人とまともに関われない、人を信じられない。

　そしてセルフモニタリングとマインドフルネスを十分に実践できるようになった今の時点で主に解消されているのは、①と②の2つの主訴であることが、あらためて共有されました。

　CBTを開始してからおよそ1年半です。「ここまでやってきてどうだった？」と尋ねると、マミコさんは次のように答えてくれました。

◎最初は半信半疑だったし、「こんなことやっても何にもならない」と思ってイライラすることもあったけれども、こうやって続けて

みるとずいぶん変化があることがわかって驚いた。
◎気分の波に振り回されなくなってだいぶ楽になった。ひどい自傷行為や食べ吐きをしなくなったので、そのぶん自分を責めることがなくなった。
◎ただ結局3つ目の主訴はそのまんま残っている。セルフモニタリングをするようになって、自分がいかに人を恐れているか、いかに人を信じられないか、ということがはっきりとわかり、かえってつらく、絶望的になっている部分もある。この問題は根が深いと思う。職場と異性についてセルフモニタリングができない、というのも、このことに関連していると思う。この問題をCBTでなんとかできるのか。

　マミコさんの最後のコメントについては、私なりに見通しがありました。すなわち、スキーマ療法を導入してみてはどうか、ということです。そこで私は「スキーマ療法というアプローチがある。これはCBTがさらに発展してできた心理療法で、対人関係にまつわるあなたの主訴に役に立つと思う。次回のセッションで説明させてほしい」と述べ、その日のセッションを終わりにしました。

4-4
その他のワーク
―― 他者にサポートを求める

◉ あまりに孤独なマミコさん

　CBTを開始し、応急処置、セルフモニタリング、マインドフルネスと進むなかで、実はもう1つ、私がずっとマミコさんに働きかけ続けてきたことがありました。それは生活や仕事の場でマミコさんをサポートしてくれる人を1人でも多く見つける、ということです。

　当初マミコさんはあまりにも孤独でした。第3章にも書いたとおり、CBT開始時からマミコさんとはいずれスキーマ療法を開始することがあるかもしれないと私のほうでは予想していましたが、**職場や生活の場で、あまりにも孤立している人が、スキーマ療法でセラピストと「ニコイチ」の関係に入ってしまうのは非常に危険です。**またスキーマ療法に入らずとも、CBTを通じてセルフケアができるようになるためには、どのみち職場や生活の場で助けてくれる人を見つけるのはとても重要なことです。

　セルフケアとは「たった1人で自分をケアする」ということではありません。「人に助けを求め、助けてもらう」ことを通じて自分を助けることも、立派なセルフケアです。

◉ サポーターを探そう

　CBTを開始してしばらくすると、マミコさんは、「こんなことを話せるのは伊藤先生だけ」「先生だけが私のことをわかってくれる」

といったことをさかんに口にするようになりました。

マミコさんがセラピストとしての私を少しずつ信じてくれるようになったことはうれしく望ましいのですが、この2人の関係だけに留まってしまうと、上記のニコイチの共依存関係に陥ってしまいます。

私はセラピーのなかでしかマミコさんと関われません。重要なのはマミコさんの日々の生活であり、セラピーが終結した後のマミコさんの人生です（CBTであれ、何であれ、セラピーはいつか必ず終結します）。**生活や人生のなかで、マミコさんは他者と助け合い、他者とつながれるようになる必要があります**。

そこで私はことあるごとに次のように言って、彼女を励まし続けました。

「私を信じて、ここに通ってきてくれることはとてもうれしい。そんなふうに少しでも信じられる人を生活のなかでも見つけていきましょう」

「あなたには私以外にもたくさんのサポーターが必要だと思う。1人ひとりのサポートの力はそんなに大きくなくても、"塵も積もれば山となる"方式で、かき集めると結構大きくなる。少しでもあなたを助け、支えてくれるサポーターを探し続けよう」

そしてセッションで「今週こんなことがあった」「今週はこんなふうに過ごした」というマミコさんの話のなかから、サポーターになってくれそうな人の気配を私が感じたときには、すかさず、「その人って、あなたの助けになってくれる人かもよ」「その人も、あなたのサポーターと見なすことができるんじゃない？」と働きかけ、マミコさんのサポートネットワークを作っていきました。

最初は「サポートしてくれる人なんていない」「私には先生以外に頼れる人なんかいない」とつれない反応ばかりでしたが、私がこのような働きかけをしぶとく続けているうちに、マミコさん自身の口から、「この人だったらこういう相談には乗ってくれるかも」「この人はこういうときには助けになってくれそうだ」という発言がみられるようになり、そのうち、「このことについて△△さんにこんなふうにアドバイスしてもらった」「この間、□□さんに××についてちょっと相談してみた」といった発言に変わっていきました。
　その結果、CBTを開始し、スキーマ療法に入るまでの約1年半で、マミコさんのまわりには次のようなサポーターがいる、ということが私たちの間で共有されるまでになりました。

◉ マミコさんを支えるサポーターたち

● マッサージ店のおばちゃん（山崎さん）
　自殺企図の危険に対する応急処置である「危機脱出カード」のご褒美の1つに「マッサージに行く」というのがありました。いくつかマッサージ店をめぐってみて、一番しっくりきたのが山崎さんというおばちゃんです。マミコさんはそのうち自殺企図の危険性の有無にかかわらず、定期的にそのマッサージ店に通い、山崎さんと言葉を交わすようになりました。山崎さんはマミコさんの身体を気づかい、「無理をしないように」といつもいたわってくれます。

● 英会話教室のショーン先生と事務スタッフの友近さん
　マミコさんは半年ほど前から、英会話教室に通い個人レッスンを受けるようになりました。何人かの講師のレッスンをローテーションで受けているのですが、ショーン先生というイギリス人の先生と「馬が合う」と感じています。マミコさんいわく「英語で話しているときのほうが、感情を遮断するモードが出づらく、自分の本当の気持ちを話そうという気になる」とのことです。また英会話教室の

事務スタッフの友近さんという若い女性は、レッスンや勉強の仕方について親身に相談に乗ってくれるのだそうです。

● **職場のプリセプターの岸田さん**

マミコさんのプリセプターの岸田さんは、マミコさんよりだいぶ年下で、マミコさんは最初「なめられてたまるか」という気持ちでいました。しかし、あるときどうしても仕事でわからないことを岸田さんに尋ねると、とても親切かつ丁寧に教えてくれ、その後もなめられることは特になかったので、「わからなかったらとにかく岸田さんに聞く」というように頼りにできるようになりました。

● **職場の塚本先生**（医師）

一般企業に就職し、しばらく働いた後に医学部に入り直して医師になったという先生で、30歳を過ぎて看護師になったマミコさんは親近感を抱いていました。仕事で一緒になることはたまにしかないのですが、どうしても欠席できない職場の飲み会などで塚本先生の隣に座るようにすると、先生から話しかけてくれたり、先生の体験談を聞けたりできるので助かる、という存在でした。

● **職場の上司**（猿橋師長）

入職当初は「いつもてきぱきしていておっかない」と感じ、気後れしていましたが、この師長だけは、マミコさんが具合が悪いとそれに気づくようで、「あら、顔色悪いけど大丈夫？」「何だか疲れているみたいね」などと声をかけてくれるのだそうです。その場では「いえ、大丈夫です」と答えるに留めるマミコさんですが、師長の口調が真剣で、「ちゃんと見てくれているんだなあ」と思えるのだそうです。

● **かかりつけの内科医**（秋田先生）

CBTを開始するまで、マミコさんは体調が悪くても受診せず、市販薬でしのぐ、ということをしていました（看護師なのに！）。私はマミコさんのサポートネットワークを作りたかったので、「体調

が悪い」という訴えがあるたびに、「近くのクリニックを受診したら」「かかりつけ医がいたほうがいいと思うよ」と言い続けました。これもマッサージ店と同様、いくつか受診してみて、結局、自宅のすぐ近くの内科医院の秋田先生がマミコさんのかかりつけ医になりました。いったんかかりつけ医になると、秋田先生の存在は思いのほか大きく、身体のことで何か気になる点があると、マミコさんはこまめに秋田先生のところに赴き、相談できるようになりました。

　このようにCBT開始当初はあまりにも孤独だったマミコさんでしたが、親密ではなくても、このように相談できる人、少しは頼りにできる人が少しずつ増えてきていたのです。
　スキーマ療法を導入するにあたって、これはとてもよい徴候でした。また、CBT開始当初は職場と自宅の往復だったマミコさんの活動範囲が増えていることも、ここから見て取れます。

4-5
「それを私はやりたかった！」
―― スキーマ療法の紹介

「人を恐れ、人を信じられない」という根の深い問題に対して、CBTは何ができるか」とマミコさんに問われた次のセッションで、私はスキーマ療法についてマミコさんに詳しく説明しました。その要点を以下にまとめてみます。

◉ スキーマ療法の要点

- CBTでは、より瞬間的で浅いレベルの認知（すなわち自動思考）に焦点を当てるが、スキーマ療法では、より継続的で深いレベルの認知（すなわちスキーマ）に焦点を当てる。平たく言うと、CBTではその場その場の具体的な問題に焦点を当てるとしたら、スキーマ療法は、より長期にわたる人生や生き方の問題（すなわちその人にとっての生きづらさの問題）に焦点を当てる。

- 言い換えるとCBTでは「症状」を扱うのに対し、スキーマ療法では「体質」を扱うようなもの。単に症状をセルフケアできるようになりましょう、というものではなく、症状の出やすい「体質改善」をしましょう、というのがスキーマ療法。心の体質改善。

- スキーマ療法では、その人の幼少期や思春期の体験から、どのような「早期不適応的スキーマ」が形成されたのかということを理解し（53・54ページで提示した18の早期不適応的スキーマをざっと示す）、最終的にはそれらを手放し、新たな「ハッピースキーマ」を手に

入れることを目指す。

- それとは別に「モードモデル」という考え方ややり方がある。モードとは「スキーマモード」のことであり、これは各早期不適応的スキーマが活性化されることによって今現在、その人がどのような状態になっているのか、ということを理解するためのモデルである（57ページで提示したスキーマモードについてざっと示す）。モードモデルにもとづくスキーマ療法で最も重要なのは、「ヘルシーモード」をあなたのなかに育てることである。

- スキーマ療法は、過去のつらい体験に向き合うことにもなるので、少ししんどい作業になる。私はセラピストとしてそれを支えたい。それを「共感的直面化」と言う。すなわち、スキーマ療法では、過去の体験や早期不適応的スキーマ、そして数々のモードにあなた自身が直面化する必要があるが、それに伴って生じるさまざまな思いや感情にセラピストとしての私はしっかりと共感し、寄り添っていきたい。

- スキーマ療法を必要とする人は、先ほど述べたヘルシーモードがしっかりと育っていない人が多い。だからこそ生きていくのが苦しい。ちなみにヘルシーモードが育っていないのは、その人のせいではなく、幼少期や思春期に育ててもらえなかったから。それはとても残念なことだけど、ヘルシーモードが育っていないまま生きていくのは非常にしんどい。

- そこでスキーマ療法では、「治療」「セラピー」という非常に限られた枠のなかだけれども、そのなかでセラピストが当事者のヘルシーモードを精一杯育てようとする。それを「治療的再養育法」

と呼び、スキーマ療法では非常に重視されている。もしスキーマ療法を始めることになったら、私はそのなかでは親のような気持ちでマミコさんとつきあうことになる。マミコさんのヘルシーモードを育てる健全な親としてマミコさんに接することになる。

- また、子どもが育つためは、親だけでなく、まわりの健全な大人が"寄ってたかって"その子を育む必要がある。すでにあなたのサポーターになってくれている、職場のプリセプターの岸田さん、職場の塚本先生（医師）、職場の上司（猿橋師長）、かかりつけの内科医（秋田先生）の力を借りて、そしてこれからもあなたのサポートをしてくれる人を見つけていき、その人たちの力も借りて、あなたのなかのヘルシーモードを育てていこう。

- このような治療的再養育法が進むうちに、あなたのなかにヘルシーモードが育まれ、大きくなっていくだろう。特に《ヘルシーな大人モード》がしっかりと育ってくると、子どもが成長して自分で自分の面倒をみられるようになるのと同じで、マミコさん自身の《ヘルシーな大人モード》が、マミコさんが幸せになるのを助けてくれるようになるだろう。

- このようにスキーマ療法は、心の体質改善を図ったり、ヘルシーモードを育てたりするセラピーだから、かなりの時間をかけてじっくりと行っていく必要がある。通常は2～5年ぐらいかかる長期間のセラピーである。あなたがスキーマ療法を始めることを選択するのであれば、私はセラピストとして責任をもって、とことんあなたとつきあっていきたい。

……以上が、スキーマ療法について私がマミコさんに伝えた内容

でした。

● なぜ limited なのか──治療的再養育法①

第2章では「治療的再養育法」について触れなかったので、ここで少し解説しておきます。というのも、スキーマ療法ではこの考え方と手法が非常に重要だからです。

これはもとの英語では"limited reparenting"という言葉を、翻訳時に私が「治療的再養育法」という日本語に置き換えたものです。直訳すれば「制約のある再養育法」となるのですが、なぜそれを「治療的再養育法」と意訳したのか。それはこの"limited"という言葉の意味にあります。

上記のマミコさんに対する説明にもありますが、スキーマ療法を必要とする当事者は、ヘルシーモードが十分に育っていない可能性があります。

具体的には、《幸せな子どもモード》が育っていないために、自分の気分・感情をのびのびと表現したり、人生をそのまま楽しんだりすることができない可能性があります。そして《ヘルシーな大人モード》が育っていないために、自分の思いや気持ちを自ら理解して受け止める（マインドフルネス）ことができなかったり、自分や他者にとって適切な行動が取れなかったり、セルフケアが十分にできていなかったりする可能性があります。

このヘルシーモードを育てるべき人は、通常、養育者（親やまわりの大人）です。養育者が適切な養育をその人に提供できれば、その人のなかに自然とヘルシーモードが育まれます。

しかし残念ながらご本人の幼少期や思春期に、しかるべき養育者が不在だったり、養育者がいたとしてもその養育が不適切（虐待やネグレクト、あるいは過保護）だったりすると、その人のなかにヘルシーモードが育ちません。そしてそのことが、早期不適応的スキー

マが形成される大きな一因にもなってしまいます。

　スキーマ療法では、その「養育の不足」「不適切な養育」を治療のなかで補おうとします。すなわちご本人のなかにヘルシーモードがしっかりと育つよう、治療のなかで養育者として機能しようとするのです。

　しかし治療者はしょせん治療者、本物の親にはなれません。またご本人と一緒に過ごせるのは多くても週に1時間。ほんのわずかな時間です。

　そういう限られた条件のなかで、養育者としてご本人に関わろうとするからこそ、英語では「limited（限られた）」という表現を用いるのです。そして私自身が日本語訳を作るときには、「治療という限られた環境のなかで健全な養育を提供する」という意味を最大限に活かすために「治療的再養育法」と表現することにしました。

● ケアを受け取る余地を作る——治療的再養育法②

　スキーマ療法ではこの治療的再養育法が重要な役割を果たします。たとえ限られた環境であっても、セラピストの治療的再養育法によって、その人の傷つきが癒され、欲求が満たされ、その人のなかにヘルシーモードが徐々に育まれていきます。またそうやってセラピストから「再養育」というケアを受け取ることができるようになると、日常生活や仕事上で出会う人からも「ケアを受け取る余地」が心のなかにできていきます。

　たとえば「人は信じられない存在だ」「人は自分をいじめてくる存在だ」といった「不信・虐待スキーマ」を持つ人は、その人に対して心から親切に接しようという「善意の人」に遭遇しても、「不信の目」で相手を見てしまいます。差し出された善意や親切を受け取る余地がないのです。しかしセラピストによる治療的再養育法によって相手からケアやサポートを受け取ることができるようになる

と、おのずとその人は、セラピスト以外の人からのケアやサポートも同様に受け取れるようになっていきます。

治療的再養育法は、セラピストと共にスキーマ療法を行う場合、欠かすことのできない重要な技法であり理念なのです[★]。

◉ それを私はやりたかった！

さて、私からスキーマ療法について説明を受けたマミコさんは、説明の途中からホロホロと涙を流し始め、きっぱりとした口調で次のように言いました。

「そういうのを私はやりたかったんです。そういうのを私はやってほしかったんです」

[★] セラピーを受けずしてセルフでスキーマ療法を行う際の「治療的再養育法」については、以下の書籍を参考にしてください。伊藤絵美『自分でできるスキーマ療法ワークブック』（BOOK1&2）星和書店、2015年。

私がCBTに比べてスキーマ療法はさらに時間をかける必要があることを再度伝えると、マミコさんは、「わかっています。でも私にはそれが必要だということもわかっています。どんなに時間がかかっても、私はスキーマ療法を受けたいです」と、非常に真剣なまなざしで、やはりきっぱりとした口調で言いました。
「人とまともに関われないとか、生きていくのがつらくてたまらないという長年の私の問題は、全部、このスキーマというのに絡んでいると思う。だから私はこれをやらなければならないんです」ともおっしゃっていました[★]。

[★] スキーマ療法について説明をすると、マミコさんのように即座に「食いついてくる」クライアントは少なくありません。みなさん、長年抱えている生きづらさの問題がスキーマ療法であればなんとかなりそうだ、と直感的に感じるようです。

また治療的再養育法についてどう思うかマミコさんに尋ねたところ、次のような回答が返ってきました。

「CBT のインテーク面接のときにこんな話をされたら、不気味だし、気持ちが悪いので、たぶん逃げ帰っていたと思う。でも CBT を少しずつ先生と進めてきて、最初の頃に比べたらずいぶん楽にはなってきたし、先生のことも最初に比べればだいぶ信じられるようになってきた。少なくとも、何を言っても何をやっても先生には嫌われないだろうと、今では思えるようになってきている。だから今だったら、先生が治療のなかで私のママになってくれる、というのは受け入れられるし、なんだかうれしい感じがする」

　マミコさんが治療的再養育法について的確に理解してくれているのがよくわかる回答です。
　そういうわけで、私とマミコさんはスキーマ療法の長い旅路に足を踏み入れることになりました。

BOOK2 はこうなります

「それを私はやりたかった!」とマミコさんは叫びました。
マインドフルネスの具体的なワークを体験することでようやく一息つきましたが、
「人を信じられない」という根本的な問題を抱えたままだったからです。
そのマミコさん、BOOK 2でいよいよスキーマ療法に本格的に取り組みます。
伊藤先生との対話を頼りに過去に踏み込んでいくと……。
まだまだ山あり谷ありのようですが、
どうか読者のみなさまも、
伊藤先生と一緒にマミコさんの道行きを見守ってください。

それではBOOK2へ、いざ!!

著者紹介

伊藤絵美
（いとう・えみ）

洗足ストレスコーピング・サポートオフィス所長。
臨床心理士、精神保健福祉士、博士（社会学）。
慶應義塾大学大学院修了後、都内の精神科クリニックにてカウンセリングの仕事をはじめる。その後精神科デイケアの運営に携わるようになり、グループの面白さに目覚める。
しばらくの間民間企業でEAP（従業員支援プログラム）の仕事をしたのち、認知行動療法を専門とするカウンセリング機関を開設し、今に至る。
主な著書に、『認知療法・認知行動療法カウンセリング初級ワークショップ』星和書店、『認知行動療法、べてる式。』（共著）医学書院、『事例で学ぶ認知行動療法』誠信書房、『ケアする人も楽になる認知行動療法入門』医学書院、『スキーマ療法入門』（編著）星和書店、『自分できるスキーマ療法ワークブック』星和書店など。訳書に、ジュディス・ベック『認知行動療法実践ガイド』（共訳）星和書店、ロバート・リーヒイ『認知療法全技法ガイド』（共訳）星和書店、ジェフリー・ヤング『スキーマ療法』（監訳）金剛出版、アーンツ＆ヤコブ『スキーマ療法実践ガイド』（監訳）金剛出版ほか。

索引

＊①と緑数字はBOOK1を、②と青数字はBOOK2のページ数を示す。

欧文

automatic thought……① 44
CBT……① 18
Cognitive Behavior Therapy……① 18
VAS……① 107
limited reparenting……① 179

あ行

「愛されない」「わかってもらえない」スキーマ……② 46
アロマペンダント……① 96
安全基地……② 14
安全なイメージ……② 15
安全な儀式……② 18
怒りのスイッチ……① 92
生きづらさ……① 10,48
椅子を使った対話のワーク……② 110
　──の例……② 114
いただけない対処モード……① 59, ② 88
　──（マミコさん）……② 93
　──に対するモードワーク……② 164
イメージの書き換え……① 148
インテーク面接……① 64
うんこのワーク……① 166
うんざりは重要……② 77

応急処置……① 78
　──, 過剰飲酒と過食嘔吐に対する……① 89
　──, 希死念慮と自殺企図の危険に対する……① 81
　──, 自傷行為に対する……① 86
　──, セラピストへの感情の揺らぎに対する……① 79
　──, 予約どおりに来られないことに対する……① 79
大きな感情の巨人……① 149
親が子どもの話を聞くように……② 36
オリジナルモデル（スキーマ療法）……① 51, ② 23
「オレ様・女王様」スキーマ……② 58,65

か行

カード……① 82
　──, 生きたい君×死にたい君……① 82
　──, 危機脱出……① 84
　──, 不信感が募ったときに読む……① 79
過去の自分に会いに行く……② 24
看護師スイッチ……① 101
看護師モード……① 154
看護師ロボット……① 100,156
感情が出る……① 75
感情抑制スキーマ……② 55
感情を遮断するモード……① 101,114,153, ② 10
完璧主義的「べき」スキーマ……② 56
外在化……① 33,107
傷ついた子どもモード……① 58, ② 86
　──（マミコさん）……② 92

――に対するモードワーク……②135
傷つき体験……②14
傷つける大人モード……①58, ②86
　　――（マミコさん）……②93
　　――に対するモードワーク……②150
気分・感情……①22
　　――に焦点を当てたマインドフルネス
　　　……①40
気分の波……①98,107
「切りたい度」……①87
ぐるぐる思考……①164
ケアを受け取る余地を作る……①180
「消す」のではなく「消える」……①38
欠陥・恥スキーマ……②48
行動……①22
　　――に焦点を当てたマインドフルネス
　　　……①40
行動パターンの変容……②183
コーピング（自分助け）……①20,87,101
小波を乗り越える……①121
「この世には何があるかわからないし，自分
　　はそれらにいとも簡単にやられてしま
　　う」スキーマ……②50
孤立スキーマ……②48
ご褒美リスト……①84

さ 行

サポーターを探す……①171
幸せな子どもモード……①60, ②89
　　――（マミコさん）……②94
　　――対するモードワーク……②166
失敗スキーマ……②51
終結……②188

初回面接で考えたプラン（マミコさん）
　　……①70
身体反応……①22
　　――に焦点を当てたマインドフルネス
　　　……①40
心配を伝える……①96
思考／感情系のワーク……①147
自己犠牲スキーマ……②53
自傷は自分助け……①87
自動思考……①44
　　――とスキーマの関係……①45
自分のせいじゃない……②67
「自分をコントロールできない」スキーマ
　　……②58
スキーマ……①44
　　――，日常生活での（マミコさん）
　　　……②75
スキーママップ（マミコさん）……②72
スキーマモード……①56,90, ②85
スキーマリスト（マミコさん）……②69
スキーマ療法……①47
　　――で目指すこと（マミコさん）……②
　　　12
　　――の手順……①51
　　――の要点……①176
　　――を最初から適用しない理由……①
　　　70
ストレス……①19
ストレスコーピング……①20
ストレス体験……①19
ストレス反応……①19
ストレッサー（ストレス状況）……①19
セルフモニタリング……①30,105, ②75
早期不適応的スキーマ……①51, ②23,
　　45

た 行

体験系のワーク……① 126
他者にサポートを求める……① 171
他人に逆切れするモード……① 92
小さな感情に名前をつけるワーク……①
　　148
中核的感情欲求……① 52, ② 40
　　――, 満たされなかった……② 25
治療的再養育法……① 179, ② 99
　　――の聞き方……② 36
「できなければ罰されるべき」スキーマ
　　……② 57

な 行

ニコイチ……① 72, 171, ② 102
認知……① 21
　　――が変われば行動も変わる……②
　　172
　　――に焦点を当てたマインドフルネス
　　……① 39
　　――の階層……① 45
認知行動療法……① 9, 18
　　――の基本モデル……① 21, 30
　　――の手順……① 24
　　――の方針（マミコさん）……① 111
ネガティブな子ども……① 151

は 行

ハッピースキーマ……② 106, 169
　　――（マミコさん）……② 130, 181
ヒアリング……② 23
否定・悲観スキーマ……② 55
ビジュアル・アナログ・スケール……①
　　107
「ふーん, そうなんだ」……① 38
服従スキーマ……② 53
不信・虐待スキーマ……② 45
不満をモニターする……① 133
ヘルシーな大人モード……① 61, ② 90
　　――（マミコさん）……② 94
ヘルシーモード……① 60, ② 89, 169
「別人みたい」……① 93
ホームワーク……① 112
　　――ができない理由……① 113
「ほめられたい」「評価されたい」スキーマ
　　……② 54

ま 行

マイルールを作る……① 89
マインドフルネス……① 35, 124
　　――とスキーマ療法の関係……① 49
　　――の基本原則……① 37
　　――の方針（マミコさん）……① 137
　　――, 環境に焦点を当てた……① 39
　　――, 気分・感情に焦点を当てた……
　　① 40
　　――, 行動に焦点を当てた……① 40
　　――, 身体反応に焦点を当てた……①
　　40
　　――, スキーマに対する……② 80
　　――, 認知に焦点を当てた……① 39
　　――, モードに対する……② 85
マインドフルネスのワーク……① 126

──，くさやのにおいを嗅ぐ……①140
　　　──，ゴカイを触る……①140
　　　──，触る／抱きしめる……①144
　　　──，食べ物や飲み物を使った……①137
　　　──，風呂の……①144
巻き込まれスキーマ……②50
マミコさんの「さまざまな体験」……②26
見捨てられスキーマ……②45
無能・依存スキーマ……②49
もう1人の自分……①37
モードに乗っ取られる……①95
モードマップ（マミコさん）……②97
モードモデル（スキーマ療法）……①56
　　　──の目標……②133
モードワーク……②133
　　　──，いただけない対処モードに対する……②164
　　　──，傷ついた子どもモードに対する……②135
　　　──，傷つける大人モードに対する……②150
　　　──，幸せな子どもモード対する……②166

や行

幼児がえり……②19

ら行

レーズン・エクササイズ……①128
ロボット……①100,156

自分の感情をないものとし、感情を出す人を「レベルが低い」と見下す"オレ様"開業医のヨウスケさん。

自分の感情より相手の感情を優先して、他人の世話ばかりしてしまう"いい人"心理士のワカバさん。

本書に登場するふたりは一見対照的ですが、意外な共通点があります。

どちらも「つらいと言えない」のです。

いえ、もしかして医師・看護師をはじめとする援助専門職は、みなこの"病"を持っているのかもしれません。

そんな「つらいと言えない」人たちが、マインドフルネスとスキーマ療法をやってみたら……。

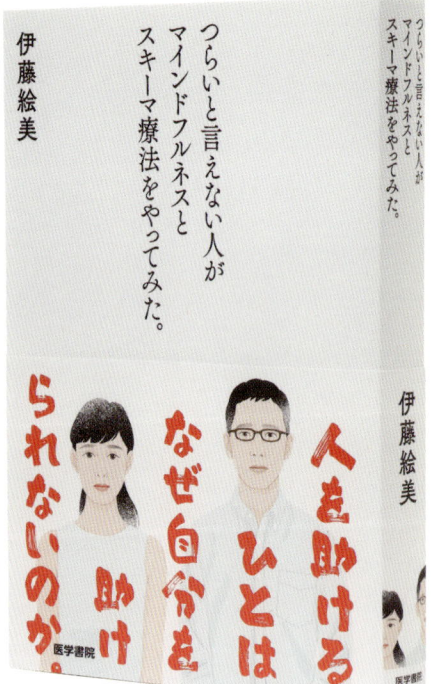

目 次

第1章
ヨウスケさんと行ったマインドフルネス
ヨウスケさんとの出会い／背中の痛みのセルフモニタリングにトライするが……／マインドフルネスの練習を始める／夫婦関係の調整／ふたたびマインドフルネスのワークへ／ヨウスケさんの気づき

第2章
スキーマ療法を通じてのヨウスケさんと家族の回復
自らのスキーマとモードについて知る／ヨウスケさんと家族の変化

第3章
慢性的な生きづらさを持つワカバさん
ワカバさんとの出会い／セルフモニタリングによって見えてきたこと／マインドフルネスのワークとそれによる気づき／「生きづらさ」への気づきとスキーマ分析／新たな生き方の模索と生活の変革

**つらいと言えない人が
マインドフルネスと
スキーマ療法をやってみた。**

洗足ストレスコーピング・サポートオフィス所長
伊藤絵美

四六判　頁272　2017年　定価：本体 1,800円＋税
[ISBN 978-4-260-03459-3]

医学書院
〒113-8719　東京都文京区本郷1-28-23　[WEBサイト] http://www.igaku-shoin.co.jp
[販売部] TEL：03-3817-5650　FAX：03-3815-7804　E-mail：sd@igaku-shoin.co.jp